外国人児童生徒受入れの手引【改訂版】

目　次

序章　本書のねらいと構成
- 1　本書のねらい …………………………………………………………… 1
- 2　本書の主な対象者と構成 ……………………………………………… 1
- 3　本書の活用法 …………………………………………………………… 2
- 4　外国人の受入れ拡大と共生に向けて ………………………………… 3

第1章　外国人児童生徒等の多様性への対応
- 1　日本語指導が必要な児童生徒とは …………………………………… 4
- 2　外国人児童生徒等の増加 ……………………………………………… 5
  - (1) 日本の学校に在籍する外国人児童生徒 …………………………… 5
  - (2) 日本語指導が必要な児童生徒の動向 ……………………………… 5
- 3　外国人児童生徒等の多様な背景 ……………………………………… 7
  - (1) 言語、文化の多様性 ………………………………………………… 7
  - (2) 日本に来た理由・時期、将来設計の多様性 ……………………… 7
  - (3) 家庭の環境の多様性 ………………………………………………… 8
- 4　外国人児童生徒等が直面する課題 …………………………………… 8
  - (1) 学校への適応、居場所の確保 ……………………………………… 8
  - (2)「学習するための言語能力」の習得 ……………………………… 9
  - (3) 学力の向上 …………………………………………………………… 9
  - (4) かけがえのない自分をつくりあげていくこと …………………… 9
  - (5) 新たな課題(不就学、母語・母文化の保持、進路の問題) ……… 10
- 5　外国人児童生徒等を受け入れる学校の課題 ………………………… 10
  - (1) 学校全体の児童生徒の指導 ………………………………………… 10
  - (2) 学校の受入れ体制づくり …………………………………………… 10
  - (3)「特別の教育課程」の編成・実施 ………………………………… 11
  - (4) 地域との関係　―外部からの支援の活用とその組織化― ……… 11
- 6　行政上の課題 …………………………………………………………… 11

第2章　学校管理職の役割
- 1　温かい面接を工夫する ………………………………………………… 13
  - (1) 日本の学校の様子を伝える ………………………………………… 13
  - (2) 児童生徒の理解を深める …………………………………………… 14
  - (3) 保護者の立場になって編入の手続きを進める …………………… 14
  - (4) 教育委員会と連携する ……………………………………………… 14

2　担任を支え、保護者との信頼関係を築く　……　15
　(1) 担任を孤立させない　……　15
　(2) 保護者との連絡方法を工夫する　……　15
　(3) 長期の休みを利用して小さな保護者会を開く　……　16
　(4) 評価を工夫し高等学校入試制度を説明する　……　16

3　日本語指導の環境を整え、習得や適応の状況を把握する　……　17
　(1) 日本語指導の環境を整える　……　17
　(2) 日本語指導の支援者との情報交換を大切にする　……　17

4　児童生徒の成長を担任と見守る　……　18
　(1) 児童生徒の学級・学校適応を見守る　……　18
　(2) ちょっとした配慮について担任にアドバイスする　……　18

5　全教職員で取り組む体制をつくる　……　19
　(1) 外国人児童生徒等教育を校内組織の中に位置付ける　……　19
　(2) 研修を企画する　……　19
　(3) 共生の取組　……　20

6　地域連携をコーディネートする　……　20
　(1) 地域との連携・協働の体制づくりを進める　……　20
　(2) 地域の住民やボランティア等と連携する　……　21
　(3) 地域での楽しい活動の記録をとる（地域活動への理解）　……　21

第3章　日本語指導担当教師の役割

1　日本語指導担当教師の4つの役割　……　22
　(1) 児童生徒への教育活動　……　22
　(2) 校内の連携・共通理解　……　23
　(3) 家庭との連携・共通理解　……　23
　(4) 外部機関・地域との連携・共通理解　……　24

2　日本語指導の基本的な考え方　……　24
　(1) 児童生徒を多角的に把握する　……　24
　(2) 学校内外の生活場面すべてが学びの場　……　25
　(3) 学ぶことの意味や楽しさを味わわせてスパイラルに　……　25
　(4) 在籍学級の学習、日々の生活に関連付けて　……　26
　(5) 児童生徒の「言葉の力」とその把握方法について　……　26
　(6) 日本語指導における児童生徒の評価について　……　26

3　日本語指導のプログラム　……　27
　(1) 「サバイバル日本語」プログラム　……　28
　(2) 「日本語基礎」プログラム　……　28
　(3) 「技能別日本語」プログラム　……　31
　(4) 「日本語と教科の統合学習」プログラム　……　31
　(5) 「教科の補習」プログラム　……　32

4　指導計画の作成（日本語指導のコース設計）　……　34
　(1) 日本語指導のコース設計とは　……　34
　(2) プログラムの配置とコース設計　……　34
　(3) 発達段階によるコース設計　……　35

第4章　在籍学級担任の役割

1　在籍学級での外国人児童生徒等の受入れ …… 39
(1) 学級担任として必要な視点 …… 39
(2) 外国人児童生徒等の受入れの流れ …… 39

2　外国人児童生徒等の受入れ体制づくりと必要な指導 …… 40
(1) 学校の受入れ体制づくり …… 40
(2) 外国人児童生徒等への必要な指導 …… 41

3　共生の教育と学級の国際化 …… 44
(1) 学級の国際化に向けて …… 44
(2) 学級担任に必要な姿勢 …… 45
(3) 共生の視点からの学級づくり …… 45

4　保護者への対応と進路指導 …… 46
(1) 保護者への対応 …… 46
(2) 進路指導 …… 46

第5章　都道府県教育委員会の役割

1　施策の推進方針の策定 …… 48
(1) 都道府県教育委員会における施策推進方針策定の必要性 …… 48
(2) 多文化共生を目指す施策の基本的な考え方 …… 48
(3) 受入れに関する運営・連絡協議会の設置 …… 48
(4) 研究指定校(地域)の指定 …… 49

2　推進体制の整備 …… 49
(1) 都道府県として考えるべき視点 …… 49
(2) 推進体制の実際 …… 51

3　人材確保と育成について …… 52
(1) 人材確保について …… 52
(2) 人材育成について …… 52

第6章　市町村教育委員会の役割

1　教育委員会が直接行う支援・指導 …… 55
(1) 「教育方針」等への外国人児童生徒等教育の明確な位置付け …… 55
(2) 研究推進校(地域)の指定 …… 55
(3) 小学校新入学相当年齢の外国人の子供への対応 …… 55
(4) 外国人の子供が編入する場合の対応 …… 56
(5) 市町村としての受入れ体制づくり …… 59
(6) 学校における受入れ体制の整備にかかわる支援(=市町村としての受入れ体制の整備) …… 61
(7) 進路説明会の開催 …… 64
(8) 学校における多文化共生社会の実現を目指す取組の推進 …… 65

2　連絡協議会等を通じて行う支援・指導 …… 65

参考URL …… 67
作成協力者 …… 68

序章 本書のねらいと構成

1 本書のねらい

　文部科学省では、平成7年に日本語指導が必要な外国人児童生徒の指導資料として、『ようこそ日本の学校へ』を刊行しました。当時（平成5年時点）、日本語指導が必要な外国人児童生徒数は10,450人でしたが、平成28年には34,335人と大幅に増加しています。また、近年は日本語指導が必要な日本国籍の児童生徒も増加し、9,612人に達しています。これらの児童生徒は、全国各地の学校に在籍するようになり、その学校数は7,794校に達し、多くの地域や学校でその対応が求められるようになっています。

　外国人児童生徒や日本語指導が必要な日本国籍の児童生徒（以下「外国人児童生徒等」という。）の増加と全国各地への広がりとともに、児童生徒の生活・学習背景も多様化しています。そうした中、多くの人が外国人児童生徒等教育にかかわるようにもなり、外国人児童生徒等を受け入れる地域や学校では、受入れ体制の整備や日本語指導の充実など多くの取組が行われてきました。

　また、国においても、外国人児童生徒等一人一人に応じた日本語指導等の実施を実現するための「特別の教育課程」制度の導入（平成26年）、国籍にかかわりなく教育を受ける機会を確保することを基本理念に盛り込んだ「義務教育の段階における普通教育に相当する教育の機会の確保等に関する法律」の制定（平成28年）、外国人児童生徒等教育を担当する教員の安定的な確保を図るための義務標準法等の改正（平成29年）などを行うとともに、平成29年に改訂された新学習指導要領では、総則において、日本語の習得に困難のある児童生徒への指導が明記されました。

　外国人児童生徒等教育は、恒常的な課題として位置付けられました。しかし、担当する指導主事、担当教師、管理職などは、数年単位で異動するため、それまで対応してきた担当者が異動すれば、新しい担当者が一から取り組むようになります。また、外国人児童生徒等教育を充実するためには、担当者がそれぞれの立場で個々に取り組むだけでは十分な効果を上げることはできず、担当者同士が協力・連携することが不可欠です。しかしながら、どのように連携を図るかという具体的な方法が必ずしも明確になっていないところもあります。

　そこで、本書では、外国人児童生徒等教育にかかわる様々な人々が、それぞれの立場で具体的にどのような視点を持ち、どのような取組を行うことが必要かを示すこととしました。この教育に初めてかかわる人はもとより、これまで取り組んできた人にとっても、具体的な取組の指針を明示し、外国人児童生徒等に対する支援の継続性を確保するとともに、担当者同士の協力・連携を強化することにより、外国人児童生徒等教育の一層の充実を図ることを目的としたものです。

2 本書の主な対象者と構成

　本書をご活用いただきたい主な対象者は、外国人児童生徒等を直接指導する日本語指導担当教師、日本語指導の支援者、外国人児童生徒等の在籍学級担任、学校の校長・副校長・教頭などの管理職（以下単に「管理職」という。）、さらには市町村教育委員会の担当指導主事、都道府県教育委員会の担当指導主事です。

　本書の構成は、こうした対象者別に6章からなります。次の図は対象者と本書の構成を示したものです。第1章は総論として、外国人児童生徒等の実態、その教育の現状と課題などを取り上げています。第2章から第6章までは、外国人児童生徒等教育に直接かかわる教師、指導主事、管理職などを対象に、今後の取組の指針となる

内容を取り上げています。

　第2章は、管理職向けに、日本語教室の設置、校内研修、学校内の人材配置、地域との協力・連携などの内容を取り上げています。第3章は、日本語指導担当教師、さらには日本語指導の支援者を対象に、初期日本語指導、教科指導(JSLカリキュラム)などを実践していく上で指針となる内容を取り上げています。第4章は、在籍学級担任を対象にした内容になっています。外国人児童生徒等の学級での居場所づくりや在籍学級での指導方法、さらにはこうした児童生徒を受け入れることの意義や多文化共生の教育の取組などについて取り上げています。

　第5章は都道府県教育委員会、また、第6章は市町村教育委員会のそれぞれの担当指導主事を対象にしたものです。都道府県教育委員会の担当指導主事の場合は、国―都道府県―市町村のそれぞれの役割と連携、必要な人材の確保や配置などを中心に取り上げています。また、市町村教育委員会の担当指導主事の場合は、教育委員会・学校・地域の組織や関係機関との連携、管理職研修・担当者研修・校内研修などの研修、そして、地域での組織的な取組などについて取り上げています。

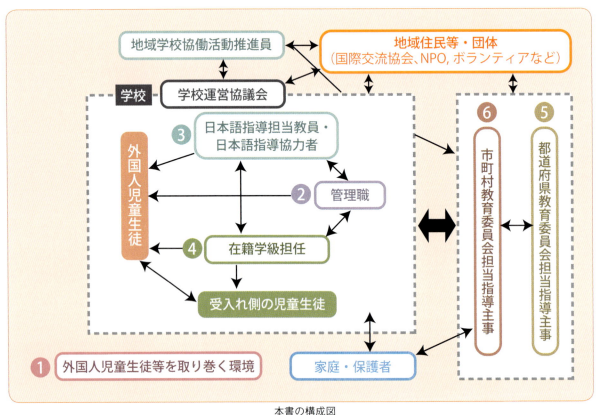

本書の構成図

3　本書の活用法

　本書は、外国人児童生徒等教育の実践に役立ててほしいという思いで刊行しました。それぞれの担当者が、外国人児童生徒等とどのようにかかわるか、外国人児童生徒等の実態を捉えてそれぞれの立場でどのように実践的な指導を進めるか、家庭や地域のＮＰＯ、ボランティア団体、さらには関係機関とどのようにかかわるかなどについて、各章から様々なヒントが得られることを期待しています。各章とも、順序性があるわけではありません。それぞれの担当者が、それぞれの立場から外国人児童生徒等を前にして困ったときにその該当箇所を開き、読めるようになっています。

外国人児童生徒等は多様であり、その教育も地域ごとに多様であることを踏まえ、本書では、そうした多様な取組の基本となる視点や情報を提示しています。本書をもとに、各学校や地域で先進的かつ個性的な取組が行われることを期待しています。

　また、幼稚園・認定こども園等に外国人幼児等を受け入れる際にも、外国人幼児等や保護者についての多様な背景を理解してどのようにかかわるか、教育委員会等と連携しながら園での体制を整えてどのようにかかわるか等、本書における配慮点を参考にして実践されることを期待しています。

4　外国人の受入れ拡大と共生に向けて

　平成31年4月には出入国管理及び難民認定法及び法務省設置法の一部を改正する法律（以下「改正入管法」という。）が施行されます。改正入管法による外国人の受入れ拡大や大綱等を踏まえ、国として外国人の受入れと共生を進めています。このような中、本書は、外国人児童生徒等を指導の対象とするのではなく、子供たちを日本と世界に貢献する人に育てていくことも願い、内容の改訂をしました。今後、各学校や地域での外国人児童生徒等との共生が、日本の子供たちの成長につながることをしっかりと認識し、本書を積極的に活用し実践されることを期待しています。

第1章 外国人児童生徒等の多様性への対応

1 日本語指導が必要な児童生徒とは

　平成2年(1990年)の「出入国管理及び難民認定法」(以下「入管法」という。)の改正、翌3年の施行以来、日本に暮らす在留外国人の状況は大きく変化し、その数は急速に増え約256万人となっています。また、在留外国人の国籍についても近年変化がみられ、ベトナム、ネパール及びインドネシアの増加が顕著となっています。さらに、平成31年4月には、改正入管法が施行されます。将来的にますます外国人児童生徒が増加することに備え、受入れ体制の整備や共生社会の実現に向けた取組が重要となります。

　平成29(2017)年末では、在留外国人数は約256万1千人、日本国在住者の約2％、195の国籍・地域に達します。国籍別にみると、中国(約73万890人)、韓国(約45万663人)、ベトナム(約26万2,405人)、フィリピン(約26万553人)、ブラジル(約19万1,362人)、ネパール(約8万人)などとなっています(出典：法務省)。

　日本の学校に学ぶ外国人児童生徒等が急速に増加したのも、主にこうした変化と軌を一にしており、両親の就業や留学、その他の理由により来日、あるいは帰国したことによります。こうした児童生徒にとっては、日本の学校の教授用語としての日本語は初めて学ぶものであり、学習は言うに及ばず、学校生活そのものも困難を伴うものです。このように、日本語で日常会話が十分にできない児童生徒及び日常会話ができても、学年相当の学習言語能力が不足し、学習活動への参加に支障が生じており、日本語指導が必要な児童生徒(以下単に「日本語指導が必要な児童生徒」という。)は、海外と日本社会の経済状況に影響を受け増え続け、現在では、国籍はもとより、母語、母文化、宗教、生活習慣など、多様な背景を伴った児童生徒が日本の学校に在籍しています。

　ここで留意しておきたいことは、日本語指導が必要な児童生徒のすべてが外国籍ではないということです。帰国児童生徒や国際結婚家庭の子供の中にも、学校での学習のためには日本語指導が必要な児童生徒もいます。一方、外国籍ではあっても、日本での生活が長く、日本語指導を必要としない児童生徒も日本の学校に在籍しています。したがって、様々な背景を持つ児童生徒への実際の支援は、その一人一人の背景により異なることになります。

　外国籍の保護者には、その子供に日本の教育を受けさせる義務はありませんので、日本に在住する外国籍の子供すべてが日本の学校に在籍するわけではありません。在日外国人学校やインターナショナル・スクールでの学習、IT技術や通信教育などの多様な形態での学習など、その保護者と子供たちには教育に関して様々な選択が可能です。ただ、こうした子供たちの多くが、社会・経済的な条件などを考慮した上で、日本の学校で学んでいるのも現実です。日本の学校は、このように多様な背景を持つ子供たちが学ぶ場になっており、これまでとは異なった学校の在り方が模索されています。その結果、多様な背景を持つ子供たちが日本の学校で学ぶ際の条件を整備することが求められています。その第一歩として、こうした子供たちの現状をしっかりと把握することが重要です。

　この章では、「日本語指導が必要な児童生徒」の現状、学校での受入れ、その教育上の課題などについてみていくことにします。

2 外国人児童生徒等の増加

(1) 日本の学校に在籍する外国人児童生徒

まず、日本の学校に在籍する外国人児童生徒の動向を見てみましょう(図1-1)。

図1-1:日本の学校に在籍する外国人児童生徒数の推移

(出典)文部科学省「学校基本調査」
※特別支援学校については、平成18年度以前においては、盲・聾・養護学校であった。

　在籍者数は、平成30年度時点で小学校に約59,094人、中学校に約23,051人、義務教育学校に326人、高等学校に約9,614人、中等教育学校に151人、特別支援学校に約897人など、統計で約93,133人となっています。

　ただ、こうした外国人児童生徒のすべてが、日本の学校に就学するに当たって日本語や学校文化の違いに対して特別な配慮を必要とするわけではありません。保護者の世代から長期間にわたって日本に在住し、日本語や日本文化に一定の理解を持っている場合には、日本語指導、学校や社会に適応するための指導、母語や母文化に配慮した指導など、初期的な支援の必要性は低いと言えます。

　また、既に述べたように、日本語指導が必要な児童生徒は外国籍者に限られるわけでもありません。近年では、国際結婚の家庭の子供、日本国籍者であっても、長期の海外生活を経て帰国した子供などに対し、日本語指導を行っているケースも少なくないからです。このように、外国人児童生徒と日本語指導が必要な児童生徒が全くの同義であるとは言えないという点に留意しておくことが大切です。

(2) 日本語指導が必要な児童生徒の動向

　平成3(1991)年度から行われている「日本語指導が必要な外国人児童生徒の受入れ状況等に関する調査」では、日本の学校に在籍し、日本語指導、適応指導をはじめとする配慮を必要とする外国人児童生徒数を把握してきました(図1-2)。以下では、その調査結果をもとに、日本語指導が必要な外国人児童生徒等の現状について話を進めていくことにします。

①在籍状況

　まず、公立の小学校、中学校、高等学校、義務教育学校、中等教育学校及び特別支援学校に在籍する日本語指

導が必要な外国人児童生徒は、34,335人（前回調査より5,137人増加）、日本語指導が必要な日本国籍の児童生徒数は、9,612人（前回調査より1,715人増加）でした。これは調査の開始以来最も多い数となっています。こうした児童生徒の在籍は、現在のところ、小・中学校が中心で、全体の91％に達します。

図1-2：日本語指導が必要な外国人児童生徒数の推移

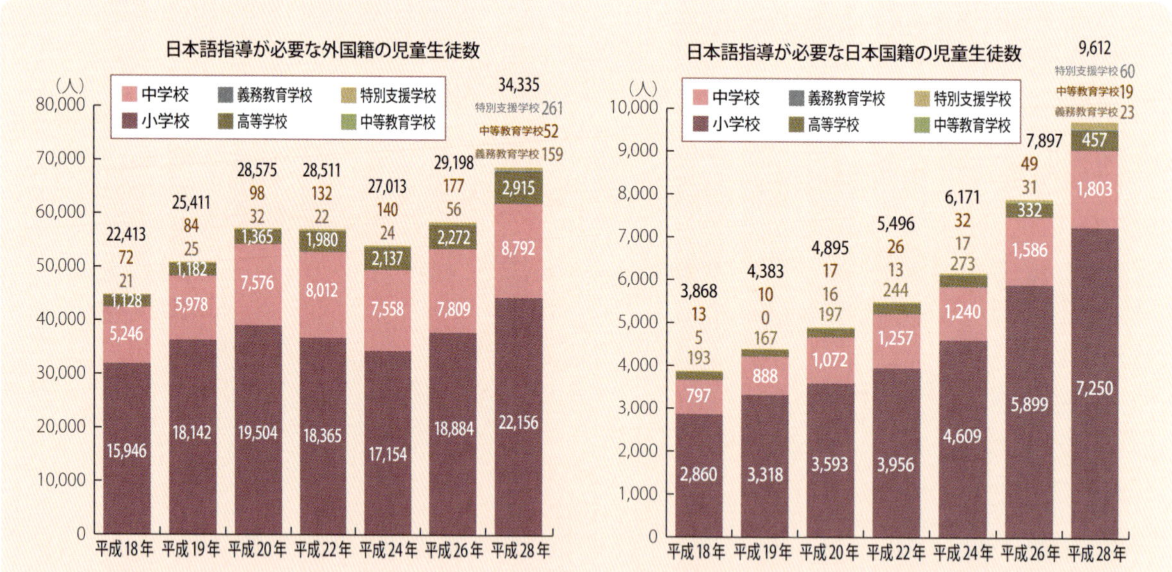

(出典)文部科学省「学校基本調査」
※特別支援学校については、平成18年度以前においては、盲・聾・養護学校であった。

②母語別の在籍状況

　同調査では、日本語指導が必要な児童生徒の母語別の集計も行っています。外国籍の児童生徒を母語別にみると、ポルトガル語、中国語、フィリピノ語、スペイン語を母語とする児童生徒が約8割を占めています。また、日本国籍の児童生徒を言語別にみると、フィリピノ語、中国語、日本語、英語の4言語で全体の8割近くを占めています。また、在留外国人の国籍・地域の多様化が進んでいるように、日本語指導が必要な児童生徒の多言語化も進行しています。

③地域的な特徴（集中的な在籍、散在した在籍）

　地域的、学校別の日本語指導が必要な児童生徒の在籍状況にも注目すべき点があります。一定地域（学校）に集中して在籍しているケースが多い一方、全国的、地域的に散在しているということです。平成28（2016）年度の結果では、外国籍の児童生徒の在籍全校種計7,020校中、「5人未満」の在籍校が全体の75.4％を占めています。日本国籍の児童生徒の在籍全校種計3,611校中、「5人未満」の在籍校が全体の86.2％を占めています。

　また、こうした児童生徒の在籍する学校のある市町村は、全市町村の約半数となっています。そのうち「5人未満」の市町村が最も多いのですが、100人以上在籍する市町村も増加傾向が続いています。

（参考：「学校基本調査」http://www.mext.go.jp/b_menu/toukei/chousa01/kihon/1267995.htm
　　　　「日本語指導が必要な児童生徒の受入れ状況等に関する調査」
　　　　http://www.mext.go.jp/b_menu/houdou/29/06/1386753.htm ）

3 外国人児童生徒等の多様な背景

　外国人児童生徒等の現状と背景は多様です。ここでは、来日の経緯や、言語や宗教、生活など、言わば文化的な背景などを具体的にみていきます。こうした多様な背景を理解して初めて、それぞれの児童生徒に適切な支援を行うことができるのです。

　外国人児童生徒等の保護者には、外国人就業者（日系人を含む）や留学生、中国残留邦人、国際結婚をした者、海外からの帰国者などもあり、多様です。したがって、国籍や言語、宗教などの文化的な背景も様々になります。

(1) 言語、文化の多様性

　外国人児童生徒等の背景の多様性は、その国籍や出身地の違いによるところが大きいと考えられます。そして、この多様性を尊重することが重要であり、保護者との対話を通して、その理解を深めることが大切になります。

　まず、母語の違いは、それぞれの出身国によります。ただし、同じ国内でも公用語と民族語（例えば中国では少数民族の言語も地域で使用されています）、地域による言語の差異（公用語としての北京語と上海などの地域中国語）、多様な言語の存在（フィリピンでのフィリピノ語、英語とは別の多様な民族語の存在）など、さらに多様になることもまれではありません。こうした地域から日本に来た子供たちの場合、母語はその国籍だけでは判断できません。

　また、特に近年、学校生活で配慮すべき事項として宗教的な背景の違いがあります。例えば、イスラム教圏の子供たちの場合、給食や体育についても配慮が必要です。また、学校において宗教的な実践であるラマダン（断食月）の行事を児童生徒が行うかどうかなどについても保護者と事前に相談を行い、判断する必要があります。これらの場面では、基本的には保護者の宗教的な判断を尊重すべきことが多く、受入れ初期に共通理解をしておくことが重要になってきます。こうした配慮は、様々な宗教に言えることなので、児童生徒の文化的な背景の理解は重要な視点となります。

> **補足1　イスラム教圏の子供の食事について**
>
> 　イスラム教圏の子供の場合、宗教的理由から日本で出されている食品の中に口にしてはいけないものが多く含まれています。一般によく知られている「豚肉を食べない」ことだけではなく、宗教的な判断による禁忌はその国や地域、宗派的な理由から様々に異なることが知られています。したがってその判断は、まずもって保護者によることになるので、学校では担任のみならず、栄養職員、調理員などとの連携で確認し、対処する必要があります。

> **補足2　体育への参加について**
>
> 　例えば、体育に参加するのか、特に水泳に参加するか、そのときの服装はどうするか、また参加するにしても、体操着に着替える場所をどうするかなど、これも保護者との協議、確認が必要です。その他の教科についても、生活習慣や宗教的な背景からくる困難も存在します。大切なのは、日本の学校生活についてよく説明し、子供やその保護者に理解してもらった上で、教育活動を行うことです。

(2) 日本に来た理由・時期、将来設計の多様性

　外国人児童生徒等の指導に当たっては、その家族的な背景を考えることが重要です。例えば、南米からの日系人家族の場合、来日が始まった当初とは異なり、比較的長期にわたり滞在することが多くなっています。ま

た、中国残留邦人家族の場合も、留学生や企業等の派遣とは異なり、永住を念頭に置いて滞日している場合が多いようです。こうした場合には、その子供たちは、日本の学校で学ぶ可能性も高く、学校における日本語の習得や学力形成は、その将来に大きな影響を与えます。一方、家族の留学や就労で一時的に日本に滞在し、母国に帰国することを前提にしている場合には、児童生徒の日本語学習や日本文化理解の切実さは、前者とは基本的に異なります。

　また、来日前の就学、学習経験についても把握する必要があります。国や地域により学校教育の在り方、学校文化は異なります。日本の学校は、教科の学習から生活指導、食事や余暇の過ごし方まで広範に指導することが特色です。しかし、国や地域によっては、学校の役割が日本と比べて限定的であることも多く、来日した子供にとっては、音楽や体育などの教科が初めての経験であることもあります。さらに、子供によっては何らかの理由で就学経験がなかったり、学校への就学が限られた時間、期間であったりすることも見受けられます。

　なお、現在では、日本で生まれ、日本で育った外国籍の子供たちも多くなっています。こうした子供たちと、新たに来日した子供たちへの支援、指導上の配慮は異なります。日本育ちの子供の場合には、外国籍であったり、家庭での言語、文化の背景などが異なっていたりしても、日本での生活のみの経験者であり、日本語を使う機会が多く、一見すると日本語や日本の文化に適応できているように見えることが多いようです。しかし、日本語話者との接触が限られ、日本語の力を鍛える場が家庭や近隣での生活にない場合には、学習に耐えうる日本語の力が培われていないこともあります。一見して課題がないように見えるかもしれませんが、まずはしっかりと子供の実態を把握し、その上で指導する必要があります。

(3) 家庭の環境の多様性

　子供たちの背景の多様性は、家庭環境、経済環境の面でもみられます。社会的・経済的状況の変化により、子供たちが安定的に学校に通い、学習を進めること自体が困難になっている場合があります。新しい職場に移る家族と共に転校を繰り返したり、保護者が単身で赴任したりするなど家庭環境が大きく変化していることがあるからです。また、授業料を負担して外国人学校に通学する道を選んでいた子供が、社会状況の変化を受けて、日本の学校への編入を選択するケースも出ています。

　以上のように、多様な背景を持ち、多様な環境の中で育っている児童生徒が日本の学校で学んでいるということを理解することが非常に重要です。自分の母語や母文化とは異なる環境で学んでいる上に、社会・経済的な条件の変動によりさらなる困難に直面している児童生徒の実情をしっかりと把握することが大切です。その上で学習支援、生活支援を行って初めて学校や教師の支援は功を奏するのだということを理解しておきましょう。

4　外国人児童生徒等が直面する課題

(1) 学校への適応、居場所の確保

　日本で生まれ育った児童生徒にとって、日々、日本の学校に通い、社会生活を営むことは取り立てて意識して取り組むことではありません。もちろん、日本の児童生徒も、ある程度の悩みやストレスを抱えながら学校生活を過ごしています。しかし、外国人児童生徒等にとっては、社会生活、学校生活の多くがストレスの原因となり得ます。言わばカルチャーショックを受けることになるのです。したがって、日本語指導が必要な児童生徒にとってはまず、日本の学校に適応し、「居場所」が確保されることが重要です。その居場所とは、学級だけで

なく、特別の指導(取り出し指導)を行うための「日本語教室」や「国際教室」、保健室、事務室など、教師に限らず自分を受け入れ、安心させてくれる人のいる場所となります。こうした安心感があることで、初めて学習への構えができることになります。それができない間、児童生徒は、自己開示もできず、常に緊張したり、時にはその結果として反抗的な態度を示すこともあります。

(2)「学習するための言語能力」の習得

外国人児童生徒等は、日本の学校で学ぶために日本語を身に付けることが必須となり、あわせて保護者や本人の母語を身に付けることも重要となります。その両方の言語に同等に堪能になることが理想ですが、それは非常に困難です。しかも、成人の日本語学習者とは異なり、母語(あるいは第一言語)そのものの習得途上にありながら、日本語という不慣れな言葉を身に付けなければならないのです。

なお、日本語の習得について留意しておくべきことがあります。日本語を学ぶ機会が無く来日した子供たちが、生活の中で、教師や友達とのかかわりから、日常会話の力を急速に身に付けていくことがよくあります。しかし、学習に必要な日本語の力は簡単に身に付くものではありません。このことについては、第3章で詳しく述べます。

(3)学力の向上

外国人児童生徒等は、読む、書く、話す、聞くという言葉の力を駆使して学校で知識を獲得し、それを表現する能力を発揮することが必要になります。具体的には、学校で学んだことを授業や諸活動において表現し、一定の学力という成果を示すことが求められます。日本の子供たちがそうであるように、外国人児童生徒等も学校での学習を具体的な成果として示して初めて、その将来を切り開くことができます。特に学びに適した、人生の貴重な時期に、日本の学校でのみ学ぶことを選んだ児童生徒が、日本の学校制度の中で成果を上げるためには、やはり日本語による学力を蓄えることが必要です。学校は、児童生徒の母語、母文化を尊重しながらも、児童生徒と保護者の期待に応えるように、この時期の学習を保障する様々な努力をしていくことが大切です。

進級や卒業にあたって、保護者等から児童生徒の学習の遅れに対する不安から進級時の補充指導や進級や卒業の留保を希望する場合があります。そのような場合、補充指導等の実施に関して柔軟に対応するとともに、校長の責任において進級や卒業を留保するなど、適切に対応する必要があります。これらの対応にあたっては、言語、教育制度や文化的背景が異なることに留意して、児童生徒本人や保護者に丁寧に説明した上で十分な理解を得ることが大切です。

注:文部科学省総合教育政策局長と初等中等教育局長が各都道府県教育委員会教育長等に発出した「外国人の子供の就学の促進及び就学状況の把握等について(通知)」平成31年3月15日付30文科教第582号

(4)かけがえのない自分をつくりあげていくこと

学校においては、児童生徒一人一人が、自分をかけがえのない大切な存在であると認識、実感し、自尊感情を高めることができるよう、教育活動を行うことが重要です。特に、言語や文化の差から、学校での学びにおいて困難を抱えることが多い外国人児童生徒等を注意深く見守り、支援していくことが必要です。学校や教師、周りの子供や親、さらにできれば地域社会がこうした児童生徒のことを理解し、自分の母語、母文化、母国に対して誇りを持って生きられるような配慮が必要となります。

なお、言うまでもないことですが、外国人児童生徒等にとってのこの課題は、日本語を母語とする子供たちにとっても無縁のものではありません。

(5) 新たな課題（不就学、母語・母文化の保持、進路の問題）

今日、外国人児童生徒等教育を担当する教員の安定的な確保を図るための義務標準法等の改正（平成29年）もあり、日本語指導担当教師の配置、日本語指導の支援等を行う外部人材の配置、教材や指導体制の整備等の改善が一定程度進み、外国人児童生徒等への支援体制が整備されつつありますが、新たな課題も生じてきています。

まず、外国人児童生徒等の不登校、不就学の問題も今後解決すべき重要な課題です。外国人児童生徒の場合、就学義務がないため、不就学という問題が生じやすくなります。義務教育段階の子供が、教育を受けられないのは大きな問題です。その実態の把握と同時に、教育委員会が中心となり、域内に住む義務教育年齢相当の外国人の子供を持つ家庭に就学案内を出すなどして、就学機会の確保に努める必要があります。

次に、外国人児童生徒等が日本の学校で学ぶことにより、触れる機会の少なくなる母語・母文化の問題です。学校でも、課外において、児童生徒の母語、母文化にかかわるものとして「継承語」という位置付けでそれを尊重し、習得を援助することが望まれます。

この他、義務教育終了後の進路の問題です。児童生徒が将来に希望を持ち、より具体的で着実な進路選択とそのための戦略を持てるような進路指導が求められます。特に、児童生徒の意志にかかわらず、一時的な滞在から定住化へという選択をせざるを得ない現実を前に、行政による制度整備とともに、適切な進路指導が必要とされています。また、自治体によって異なりますが、高等学校入学に際し、外国人児童生徒等の特別選抜が実施されているところもあります。ホームページや進学ガイダンスなどから情報を入手して、外国人生徒等や保護者に情報を提供することも大切です。

5 外国人児童生徒等を受け入れる学校の課題

外国人児童生徒等教育は、いわば課題山積の状況にあり、児童生徒自身や保護者の努力のみで解決できるものではありません。児童生徒やその保護者を取り巻く日本の学校、さらに地域社会の在り方が大きく影響します。そこで、外国人児童生徒等を受け入れた学校での課題について触れておきます。

(1) 学校全体の児童生徒の指導

外国人児童生徒等が、所属する学級（在籍学級）での学習活動に参加できるようにするためには多くの支援が必要です。学びの拠点は、在籍学級にありますので、そこで児童生徒が安心して学び、生活できることは非常に重要です。

外国人児童生徒等が学級で受け入れられるためには、「異文化理解」「多文化共生」「人権の尊重」などの教育が必要不可欠です。違いを認め、互いに助け合える共生を目指した学級、学校であることこそが大切です。

(2) 学校の受入れ体制づくり

学校に外国人児童生徒等が一人でも在籍していれば、日本語指導をはじめ特別な指導が必要となります。学校では、すべての児童生徒が安心して過ごせる環境を整えることは当然のことです。以下の章で順次説明していきますが、校内の教職員のそれぞれが自分の役割を認識し、共通理解をした上で、連携して教育に当たるこ

とが重要です。また、学校の体制整備には、近隣の学校や管区内の学校との連携も効果を上げることが考えられます。ＰＴＡにおいても、異文化理解講座や異文化間交流の機会が設けられることで、様々な協力体制を築くことに役立ちます。

「開かれた学校」としての全教職員や関係者の協働体制が指導を効果的にする近道であると言えます。

(3)「特別の教育課程」の編成・実施

平成26年の制度改正により、外国人児童生徒等が在籍する学校において「特別の教育課程」を編成・実施することが可能となりました。「特別の教育課程」とは、外国人児童生徒等が日本語で学校生活を営み学習に取り組めるように、日本語や各教科の指導等について児童生徒一人一人に応じて編成する教育課程です。

「特別の教育課程」の編成・実施により、児童生徒一人一人に応じたよりきめ細かな指導の実施が可能となります。

なお、「特別の教育課程」を編成・実施する場合には、各学校において、指導の目標及び指導内容を明確にした指導計画を作成し学習評価を行うこととされており、当該指導計画とその実績を学校の設置者である教育委員会等に提出することが必要になります。

(参考：「特別の教育課程」http://www.mext.go.jp/a_menu/shotou/clarinet/003/1341903.htm)

(4) 地域との関係 —外部からの支援の活用とその組織化—

外国人児童生徒等を受け入れるための校内体制を整備するには、当然、教職員の努力が不可欠ですが、ここではさらに、学校外との協働体制の構築の重要性について触れておきます。各地の学校で様々な教育活動において、学校外部の人材を日本語指導の支援者として迎え入れています。外国人児童生徒等への効果的な指導に当たっては、近隣の大学や公的な機関など(例えば、教育委員会、公民館、国際交流協会、ＮＰＯ等)からの人材の派遣・紹介を活用することも有効です。また地域において、言語、文化などにおいて経験や知識が豊富な協力者を得ることができます。このような人材を学校外からの貴重な「リソース」として登用することが重要です。

その際、あくまで主体は子供たちの教育に責任を持つ学校側、教師側にあり、その目的、協力体制、具体的な役割について、外部人材の方と確認しながら、良好な協働体制を構築することが求められます。

6 行政上の課題

管理者である教育委員会の役割について触れておきます。学校での支援体制づくりはその内部においてのみでは不可能で、近隣地域のみならず学校外の支援が重要です。教育委員会における分掌体制を明確にし、担当者を配置し、支援体制を整えることが必要です。そして、各学校で必要となる具体的な支援、例えば教員研修や教材、就学案内、就学援助などの制度の整備と活用、進路指導などのような新たな課題への対応など、総合的な取組が必要とされます。

第2章 学校管理職の役割

　ここでは、管理職の役割について考えます。まずは、外国人児童生徒等が学校に入学又は編入学(以下単に「編入」という。)したら、管理職は何をしたらよいかを簡単に図で示しておきます。

1　温かい面接を工夫する
(1) 日本の学校の様子を伝える
(2) 児童生徒の理解を深める
(3) 保護者の立場になって編入の手続きを進める
(4) 教育委員会と連携する

つくる

2　担任を支え、保護者との信頼関係を築く
(1) 担任を孤立させない
(2) 保護者との連絡方法を工夫する
(3) 長期の休みを利用して小さな保護者会を開く
(4) 評価を工夫し高等学校入試制度を説明する

支える

3　日本語指導の環境を整え、習得や適応の状況を把握する
(1) 日本語指導の環境を整える
(2) 日本語指導の支援者との情報交換を大切にする

理解する

4　児童生徒の成長を担任と見守る
(1) 児童生徒の学級・学校適応を見守る
(2) ちょっとした配慮について担任にアドバイスする

寄り添う

組織する　つなげる

5　全教職員で取り組む体制をつくる
(1) 外国人児童生徒等教育を校内組織の中に位置付ける
(2) 研修を企画する
(3) 共生の取組

6　地域連携をコーディネートする
(1) 地域との連携・協働の体制づくりを進める
(2) 地域の住民やボランティア等と連携する
(3) 地域での楽しい活動の記録をとる(地域活動への理解)

管理職の工夫と応援で
子供たちも先生も元気に楽しく学校生活を送ることができます

図2：外国人児童生徒等が学校に編入する際の管理職の対応

管理職には、外国人児童生徒等教育に対して明確なビジョンを持ち、温かく受け入れ、日本語指導、学校生活への適応指導、校内体制、研修、地域との連携などにおいて、リーダーシップを発揮していくことが求められます。

　ここでは、管理職が、学校や地域における具体的な場面で、人とのかかわりを大切にしながら、外国人児童生徒等教育をどのように推進していくかを考えます。

1　温かい面接を工夫する

事前の準備と丁寧な対応が必要です。
保護者や児童生徒を安心させる面接をつくり出すのは校長（副校長・教頭）です。

学校での子供たちの生活の様子をお知らせしますね。こちらのテレビをみてください。

日本の学校は、何時から始まるのですか？どんな服を着てもいいですか？

この書類を○○銀行に持っていってください。学校が電話で銀行に説明しておきます。安心してください。

お金はいくらかかりますか？どうやって払うのですか？

どんな先生ですか？日本の先生は厳しいと聞いていますが。

担任の先生を紹介しますね。それから保健の先生も呼んできましょう。健康のことも相談しましょう。

学校生活が少し心配です。大丈夫でしょうか？日本語は少ししか話せません。

日本語の先生も学校に来てくれます。通訳もしてもらえますから、心配いりません。

（1）日本の学校の様子を伝える

　編入の面接では、保護者も児童生徒も不安な気持ちで一杯です。言葉だけの説明では十分に伝わらないことが多く、さらに不安を招いてしまうことがあります。面接では、温かい雰囲気をつくることが重要です。

　学校では行事のたびに記録をとっていると思います。それらを編集して「学校紹介用のビデオ」を作成してお

く方法が考えられます。それを見ることで、日本の学校生活の流れや日本の児童生徒の様子などを具体的にイメージすることができ、未知の学校生活への不安を解消することができます。

　また、このビデオは、外国人児童生徒等だけではなく、一般の児童生徒の転入学の面接、ＰＴＡや来客の方への学校紹介にも活用できます。

(2) 児童生徒の理解を深める

　都道府県・市町村によっては、教育委員会に相談窓口があり、担当者が各学校と役所との連絡を進め、編入の面接の際に、外部の支援者である日本語指導の支援者などを派遣する場合があります。しかし、直接、各学校が面接をしなければならないこともあります。

　面接に向けては、まず、児童生徒、家族について把握すべき内容を確認して生徒指導個票(相談カード)などを作成しておくことが効果的です。

　また、面接の際には、①日本語の習得状況、②来日前の就学状況、③日本での滞在予定と高等学校などの進路希望、④保護者の勤務内容と連絡方法、⑤配慮事項(宗教、習慣、食べ物、アレルギーなど)などについて確認しておきましょう。

　外国人児童生徒等の編入の面接は、校長が中心になって進めましょう。その際に、学級担任や養護教諭の同席も重要です。各教職員が一緒になって児童生徒一人一人の理解に努めることができるからです。なお面接結果等を踏まえて「特別の教育課程」を実施するか検討し、実施する場合には、設置者である教育委員会に届出など必要な手続きを行うことになります。

(3) 保護者の立場になって編入の手続きを進める

　就学の手続きや銀行口座開設など、外国人保護者には不安なことがたくさんあります。また、漢字圏出身でない外国人保護者にとっては、漢字だけの書類は不安を増長させますので、手続きの用紙を事前に学校で用意しておくと便利です。面接しながら書類を記入し、あとは学校から役所や銀行に連絡をとっておくことで、円滑に手続きが進みます。また、体育着等の準備のため、地域のお店を紹介するとよいでしょう。その際には、地図(ローマ字表記)があると便利です。近くなら面接終了後にお店まで案内することも不安要因を減らすことにつながります。また、日頃より地域との連携を深めておくことで、面接の際に通訳ボランティアとして協力を依頼することもできます。

(4) 教育委員会と連携する

　外部の支援者である日本語指導の支援者などの派遣方法は、各都道府県・市町村によって異なります。日本語指導が必要な場合は、面接が終了後、速やかに教育委員会に連絡して、日本語指導の支援者の派遣を依頼しましょう。校長が児童生徒の様子を教育委員会に詳しく説明することで、日本語指導の支援者の人選も円滑に進められます。日本語指導のために特別に国際教室や日本語教室などが設置されている学校では、教育委員会に連絡し、担当者と受入れの準備を進めます。

2 担任を支え、保護者との信頼関係を築く

担任を孤立させずに、チームの中心になって、保護者との関係をつくり出すのは校長です。

手紙にルビを振ると保護者が辞書を使って内容を理解することができるそうだが、○○さんの保護者は、どうなのかな…

毎日、ルビ振りの手紙を作成して渡しているのですが、最近○○さんの家からの提出物が…

○○さんの国では、保護者会がないと日本語指導担当の□□さんがおっしゃっていたな…

それから、校長先生、○○さんの保護者は、前回の保護者会もお仕事の関係で欠席でした。

(1)担任を孤立させない

　担任に日常的に声かけをして、悩みを聞いたり、一緒に考え行動したりすることは管理職として重要な役割です。特に、初めて外国人児童生徒等を受け持つ担任にとって、管理職が一緒に考え行動することは大きな支えになります。保護者への連絡なども、言葉の壁や文化的な違いがあるために、担任だけでは対応が難しい面があります。そのような場合には、管理職が中心になってチームとして保護者と温かい関係をつくることが大切です。

(2)保護者との連絡方法を工夫する

　保護者に連絡する際には、すべてのお知らせや手紙にルビ振りをすることが理想ですが、難しい面もあります。また、保護者にとっては、どのお知らせや手紙が大事なのかが分からないこともあります。そこで、健康安全に関するもの、学年だよりなどの重要なお知らせには赤ペンで丸をつけたり、母語で「重要」と書いたりする工夫をするとよいでしょう。保護者と相談をして、重要なお知らせはメールやＳＮＳで送信したり、簡単なメモを書いて渡したりする方法を行っている実践例もあります。また、現在、各都道府県・市町村で多言語によるお知らせの様式を作成し、ホームページに掲載しているところもありますので、それをダウンロードして集めて活用することも有効です。各都道府県・市町村が作成しているお知らせの様式については、文部科学省の情報検索サイト「かすたねっと」(https://casta-net.mext.go.jp)をご覧ください。

　学校に派遣される日本語指導の支援者などに連絡を依頼することも考えられますが、すべての連絡をお願いすることはできません。そのため、日本語ですぐに連絡をとれる方を、保護者の友人や親戚の中から探すことも学校生活を過ごす上では重要なポイントです。児童生徒の安全や健康を守る学校教育の方針をしっかり伝えると保護者も協力してくれます。いずれの場合も保護者とよく相談をして、より良い連絡方法を考えていきましょう。

(3) 長期の休みを利用して小さな保護者会を開く

　保護者の出身国によっては、保護者会がなかったり、保護者が学校に行く習慣自体があまりなかったりすることも考えられます。外国人児童生徒等が多く在籍する学校では「外国人保護者会」などがあり充実した活動をしている実践例もあります。

　しかし、多くの学校では、外国人保護者会を独自で行うことは難しい実態があります。そこで、夏休みなどを活用して、保護者に学校に来ていただき、ゆっくり話をする機会をもってみてください。その際は、管理職、日本語指導担当教師、学年主任、学級担任、スクールカウンセラー、日本語指導の支援者、地域のボランティアなど、関わりのある者ができるだけ集まって話し合うことが大切です。多くの関係者が一緒に子供の教育を考えていることを保護者に知ってもらい、お互い協力していく雰囲気をつくることが管理職の役割として大切です。また、保護者自身が日本での生活にストレスを抱えている場合には、結果を急ぐのではなく、相談に乗り、気持ちを理解することが大切です。定期的に行うことで、話し合いにも笑顔が生まれ、文化的な違いをお互いに確認できたり、子供の努力を伝えられたりできる良い機会となります。何か問題が起きてから保護者会を開くのではなく、より良い関係をつくっていくために、小規模でも保護者会を継続して開いていきましょう。

(4) 評価を工夫し高等学校入試制度を説明する

　学習評価についても、管理職がしっかり考え方を示す必要があります。学習評価については、一般の児童生徒と同じように目標に準拠した評価を行うことが基本です。ただ、日本の学校に編入してきたばかりで初期の日本語しか習得していない児童生徒にとって、学習するための言語を理解しなければならない教科等を学ぶことは、とても難しいものです。そのため、評価にあたっては評価方法を工夫したり、評価結果を伝える際に、個人内評価として本人の努力を伝えたりするような工夫を行うことが重要です。例えば、

- 通知票に関しては文章表記を中心に、評価できる教科のみについて記述する。
- 日本語指導の記録を作成して通知票と一緒に渡す。
- 教科によっては母語での解答を認め、それを評価する。
- 中学生では、定期試験などでルビを振ったり、個別で通訳を配置したりする。

などの配慮が考えられます。日本語ができないから評価もできないという考えではなく、日本語ができなければどのような方法でその子の良さや学力を評価できるかを考えていくことが大切です。そのことは同時に、一般の児童生徒を評価する時の指導の工夫にもつながります。

　さらに、中学生には進路指導が重要ですので、評価とともに高等学校入試の制度についても丁寧に説明する必要があります。中学1年生からでも、入試制度や入試条件を保護者に理解してもらうことが重要です。国によっては、いわゆる落第が制度として位置付けられ、運用されているケースもあり、保護者の多くは日本の教育制度についての理解が不十分です。きちんと説明をしないと、中学3年生になって保護者から「この成績なら、どうして2年生の時に落第をさせなかったのか」などという質問を受けることもあります。また、各都道府県教育委員会、ＮＰＯやボランティア団体などが開催し、高校入試などについて説明を行う進路説明会などへの参加を呼びかけてみることも大切です。説明会で、高校に通う同じ国出身の先輩の努力した話や成功体験などを聞いて、安心感や目標を持つことができた実践例もあります。

3 日本語指導の環境を整え、習得や適応の状況を把握する

日本語指導の様子を参観することで、児童生徒の自然な姿を理解し、日本語指導の担当教師や支援者との関係も円滑になります。

- この教室においてあった荷物や備品が気になっていたのかもしれません。○○さんが勉強しやすいように整理しましょう。
- 最近、学習に集中して取り組めるようになりましたよ。
- やはり学級とは違う表情で学習をしていますね。ここでの様子を担任にも伝えておきますね。
- まだ、日本語で自分の気持ちは表現できませんが、母語では、とてもおしゃべりで積極的です。

(1) 日本語指導の環境を整える

急に編入してきた外国人児童生徒等に対して日本語指導を行う際に、学校によっては通常の教室に余裕がないため、教材室や放送室の控室などで日本語指導が行われていることがあります。当初は、仕方がない面もありますが、児童生徒が落ち着いて、安心して学べる教室環境を整えることは管理職の重要な役割です。仮に教材室や放送室の控室などで行わなくてはならない場合でも、整理をして教育上支障のない環境を整えることが大切です。学習を積み重ねる中で、児童生徒の学習に必要なカレンダー、時間割、50音表、ホワイトボード、作品などの掲示物を貼れるスペースも整えてください。

(2) 日本語指導の支援者との情報交換を大切にする

地域によっては、学校での外国人児童生徒等に対する日本語指導のために、学校外の人材に協力をお願いしているケースもあります。日本語指導の支援者と情報交換を行い、一緒により良い支援を考えていきましょう。日本語指導の支援者は、児童生徒の母語だけでなく、母国の学校の様子や文化を知っている場合もあります。そのため、児童生徒は短時間で支援者に心を開き、信頼関係を築くことが可能です。一方、支援者が担当する時間や期間は極めて限られており、児童生徒の学校生活のごく一部しか知ることはできません。教科等や学校・学年行事なども含め、児童生徒の日々の状況を支援者に伝えることで、より効果的に支援することができます。支援者を通して、児童生徒の心のつぶやきなどを知ることは、学級担任へのアドバイスにも役立ちます。特に、副校長・教頭は、支援者の勤務などに関する事務処理も行うことが多く、このような関係をつくるパイプ役となります。

また、支援者を全職員に紹介をして、学校要覧などにも職員として名前を入れている学校があります。ちょっとした管理職の配慮ですが、指導をしている支援者にとっては温かく受け入れてくれたと思うことが多いようです。

4 児童生徒の成長を担任と見守る

**学級や校内での児童生徒の適応状況を見つめ、
「おや?」と感じたことをすぐ教職員に呼びかけていきましょう。
校長のリーダーシップのもと、早期対応が大切です。**

「おはようございます。」
「はい、委員会はがんばっています。」
「いいえ、日本語は難しいです…」

「○○さん、おはよう」
「委員会活動、がんばっていますか?」
「日本語うまくなりましたね。」

おや?すこし元気がないように感じるな。スクールカウンセラーさんの△△さんに相談してみよう。

(1) 児童生徒の学級・学校適応を見守る

　外国人児童生徒等は、日本語が分からない状態では、大きな精神的不安やストレスを感じています。朝などの時間に、児童生徒の様子や安全を確認するため、管理職が校内巡視をする際に、外国人児童生徒等が在籍している学級の様子は丁寧に観察して、本人にも積極的に声かけをしたいものです。編入当初の緊張した状態から少し学校に慣れてきた頃に、やや元気がなくなってしまうことがあります。児童生徒の様子で「おや?」と感じたことはスクールカウンセラーなどに相談をすることも考えられます。スクールカウンセラーのアドバイスを受けて、校長が呼びかけ、全教職員で片言の外国語であいさつや声かけを積極的に行った実践例があります。日本語でも「おはよう」「げんき?」「がんばっている?」など簡単な言葉でみんなが応援する姿勢を示すことが児童生徒に大きな勇気を与えます。短い時間でこのような全教職員の取組を行うためには、やはり管理職のリーダーシップが不可欠です。

(2) ちょっとした配慮について担任にアドバイスする

　教室の前には、その学級の児童生徒の作品が掲示されています。校内巡視の際に、外国人児童生徒等の作品がどのように掲示されているかを見てみましょう。母語で作文が書かれたあとに日本語指導の支援者が日本語の翻訳をつけている場合などがあります。ちょっとした配慮のあるなしでその子が受ける印象が違ってくるはずです。また、学級通信で編入したばかりの外国人児童生徒等の母語の作文(日本語訳つき)を紹介する実践例もあります。言葉が分からないからこそ配慮してあげたいことを管理職の視点から担任にアドバイスしてください。

5 全教職員で取り組む体制をつくる

校長が学校目標に沿って情報を集め、外国人児童生徒等教育についてビジョンを示すことが求められます。

本校で研修を行いたいのだが、本市の外国人児童生徒等の状況や子供理解について説明をお願いできないですか。

＜教育委員会担当者＞
分かりました。教育相談から子供たちに配慮していただきたいこと、また、外国人児童生徒等だけのことではなく、すべての子供理解という視点で説明を行います。

うちの学校で初めて、外国人生徒を受け入れたので、校務分掌に役割をはっきりさせたいのだが…

＜校長（国際教室設置校）＞
本校の校務分掌と国際教室の実践例をお送りします。ぜひ、参考にしてください。

(1) 外国人児童生徒等教育を校内組織の中に位置付ける

外国人児童生徒等が多く在籍し、日本語指導などのための特別な教室（国際教室・日本語教室など）が設置されている学校では、その教室の担当者がコーディネーターとして校内・校外において役割を担うことが重要です。校務分掌に位置付けるとともに先進的な実践例などを参考にして、管理職が年間を通した役割（学級担任との日常的な指導連絡方法、学校適応のための会議、外国人保護者会、日本語指導の記録など）をリーダーシップのもとに示していくことがその教室のより良い運営につながります。

外国人児童生徒等が1〜3名程度の学校でも、国際理解教育担当者などを配置している実践例もあります。しかし、多くの学校では、新しい担当者を配置できないことも考えられます。そのような時でも、他の関連する教育の分掌の中にしっかり役割を明記して校内組織の中に外国人児童生徒等教育を目に見える形にしていき、全教職員が意識できるようにすることが大切です。

(2) 研修を企画する

外国人児童生徒等教育については、担任が基本的な知識や経験がないために、どう指導してよいか分からないという不安を感じてしまうことがあります。そのような不安を解消していくためには、研修が重要です。外国人児童生徒等教育の充実は、単に外国人児童生徒等だけではなく、すべての児童生徒にとって分かりやすい授業、安心して過ごせる学級・学校づくりにつながることを、管理職が全教職員に明確に伝えることが重要です。

研修を考える時は、まずどのような研修を計画するとよいか情報を集めましょう。同じ市町村の外国人児童生徒等の受入れ経験豊富な学校や国際教室などのある学校、教育委員会の担当者、国際交流協会、地域のＮＰＯなどから情報を集めてください。講師の選出については、地域や受け入れた児童生徒とのつながりなどから考えていきましょう。例えば、直接日本語指導をしている支援者、地域で外国人の支援をしている方、多くの児童生徒を受け入れている近隣の学校の教職員あるいは管理職、地域で働く同じ出身国の市民、教育委員会の教育相談などの担当者などが考えられます。継続的に研修ができる場合には、教職員だけではなくＰＴＡの方に参加を呼びかけることも考えられます。地域で暮らす一員ですのでＰＴＡの方にも協力していただけるきっかけになる研修を考えたいものです。また、ワークショップなども取り入れながら、学級担任同士がお互いに悩みを共有したり、解決方法を考えたりできるように工夫したいものです。

文部科学省が「外国人児童生徒等教育を担う教員の養成・研修モデルプログラム」（以下「モデルプログラム」という。）を開発していますので、参考にしてください。

【こんな研修テーマや講師が考えられます】
○外国につながる児童生徒の受入れで大切なこと　　（国際教室設置校校長）
○外国人市民として□□市に生活してみて　　　　　（外国人市民）
○外国につながる子供の保護者との連携　　　　　　（教育委員会相談担当）
○すべての児童生徒にとって安心できる学級づくり　（大学教員　心理学）
○中学生から編入する外国人生徒の進路について　　（教育委員会高校担当　地域の会社社長）
○日本語教育について　　　　　　　　　　　　　　（大学教員　日本語指導の支援者）

(3) 共生の取組

外国人児童生徒等教育において、異文化理解や多文化共生の視点も重要となります。異なった文化を互いに理解すると共に、自分の隣の友人として他者を理解して、相互に助け合い、時には葛藤しながらも認め合う態度・資質を育むことが課題になります。外国人児童生徒等が日本の文化や習慣について体験を通して理解できるようになることや、日本人児童生徒も外国人児童生徒等も共に学ぶことで異なる文化を理解する能力やコミュニケーションをする能力の向上といった効果が期待できます。管理職は異文化理解や多文化共生の視点も含め外国人児童生徒等教育についての明確なビジョンを示し、目標を共有し、教科・領域など学校教育全体で取り組んでいくようにすることが求められます。

6　地域連携をコーディネートする

外国人児童生徒の学びや生活を楽しく充実したものにするためには、校内のみならず校外での生活にも気を配ることが必要です。管理職のリーダーシップの発揮により、学校と地域が連携・協働する体制づくりを進めましょう。

(1) 地域との連携・協働の体制づくりを進める

国籍等にかかわらず、外国人児童生徒が安心して学び、生活できる暮らしやすい環境づくりを行うために、学校・家庭・地域・関係機関等が連携・協働体制を構築し、地域ぐるみで多文化共生の取組の更なる促進を図る必要があります。そのために、それぞれが持つ機能や特性を生かして責任と役割を分担し、地域や学校の実態に応じて、必要な支援に取り組むことが重要です。

地域との連携・協働の体制づくりについては、学校運営協議会等を通じて学校運営の基本方針や具体的な取組内容を共有するとともに、保護者や地域住民に協議結果を周知して協力体制を整備することが重要です。また、こうした連携・協働の体制整備を踏まえつつ、地域人材や外部専門家等を活用した人的体制を充実する取組を進めることが大切です。

例えば、学校運営協議会における話し合いで、学校運営の基本方針に多文化共生の観点を組み入れ、「地域学校協働活動推進員」と連携して外国人児童生徒が積極的に参加できるような取組を進めていくことです。また、地域にある各種の協議会等と連携して、地域の関係者との情報共有や意見交換を日常的に行うことが重要です。さらに地域特性等を踏まえた外国人児童生徒への支援のために、専門的知識を有し、活動を行っている関係機関・団体、民間事業者や自治体の関係部局等と連携して、効果的な取組を進めていくことも重要です。

(2) 地域の住民やボランティア等と連携する

学校は、外国人児童生徒の支援について、地域で活動する国際的なボランティア団体やNPO、NGO等の多様な団体・機関等と連携を図りながら取り組んでいくことが必要です。

その際、地域の実情に応じて、学校運営協議会制度の活用や地域学校協働活動推進員と連携して取組を推進すること等が考えられます。このほかにも、都道府県や市町村における受入れに関する運営・連絡協議会との連携ついて、教育委員会の支援を受けながら進めていくことが必要です。

(3) 地域での楽しい活動の記録をとる（地域活動への理解）

学校紹介用のビデオとして、地域行事での児童生徒の様子を記録にとっておくことも効果的です。「学校のことはよく分かりましたが、地域ではどのような行事が行われていますか?」と質問するなど、保護者の不安は学校についてだけではありません。楽しい地域の行事を面接の時などに紹介することで、この町に暮らし、学校に通う期待感を膨らませることができるはずです。外国人児童生徒等と保護者が一緒に地域活動に参加することにより、日本の文化・習慣に対する理解も深まることでしょう。

第3章 日本語指導担当教師の役割

　この章では、日本語指導担当教師の役割について整理し、そのために必要となる日本語指導に関する基本情報と方法について簡単に紹介します。ここでは、外国人児童生徒等に直接かかわり、その日本語指導を中心的に行っている教師を「日本語指導担当教師」と呼ぶことにします。

　日本語指導担当教師として、専任の教師が配置されている場合もありますが、学級担任や市町村などから派遣される日本語指導の支援者がこの役割も努めなくてはならない場合もあるでしょう。いずれにしても、校内の誰がこの役割を担当するのかを確認しておくことが必要です。

1 日本語指導担当教師の4つの役割

　日本語指導担当教師に期待される役割は、大きく4つに分けることができます（**図3-1**の①〜④）。この図でも分かるように、日本語指導に直接関連する事柄のみならず、地域社会全体を視野に入れることが大切です。

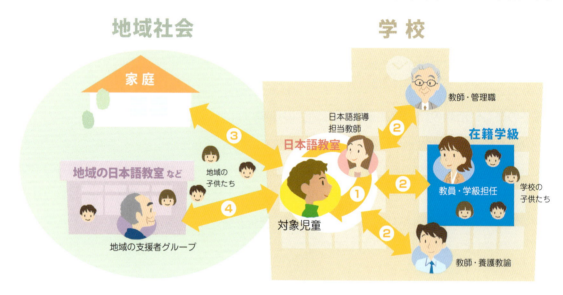

図3-1：日本語指導担当教師の役割

(1) 児童生徒への教育活動

①指導・支援

　生活面の適応、日本語学習、教科学習などの指導や支援を行います。児童生徒一人一人に応じた指導計画を作成し、それを実施していくことが主な役割と言えます。指導形態は主に、在籍学級以外の教室で指導を行う、いわゆる「取り出し指導」と、在籍学級での授業中に日本語指導担当教員や支援者などが入って、対象の児童生徒を支援する「入り込み指導」があります。「特別の教育課程」を実施する場合は、「個別の指導計画」を作成します。児童生徒や学校の実情に応じて、いつ、どの教科で、どのような形態で指導を行うのかについて計画を立て、実施しましょう。

②「居場所」を広げるための支援

　外国人児童生徒等は、日本語がまだ十分に習得できていない段階では、自分が置かれた状況から生じる不安

や恐れ、あるいは葛藤などを伝えることができません。日本語指導担当教師には、その児童生徒に代わって周囲にその状況を伝える代弁者の役割があります。それは、児童生徒が周囲との関係を築き、「居場所」を広げていくための支援となります。

(2) 校内の連携・共通理解

①学級担任との連携

在籍学級と取り出し指導(日本語教室、国際教室)、それぞれにおける生活・学習の様子などについて、学級担任と情報交換を行い、対象となる外国人児童生徒等の教育内容や方針について相談しましょう。連携を図ることで、学習面では、内容を関連付けたり連続性を持たせたりすることができます。生活面でも、在籍学級の担任と日本語指導担当教師の間で、一貫した教育的対応をすることが可能になります。

②他の教職員等との情報共有

学校内で外国人児童生徒等に接する教職員などと、児童生徒の様子を伝え合いましょう。外国人児童生徒等を支援するには、日本語習得や他の教科の学習の状況、家庭の様子、また背景の言語文化について把握していることが重要です。児童生徒を多面的に捉えることは、より教育的な対応方法を考えるヒントになります。また、日本人の児童生徒とはどのような点で異なるのかを認識することが、望ましい指導・支援につながります。

③学校における外国人児童生徒等教育の位置付け

日頃から、学校全体の教育体制の中に、外国人児童生徒等教育をしっかりと位置付ける必要性を周囲の教職員にも伝えましょう。管理職に日本語指導の状況について頻繁に報告して関心を持ってもらったり、問題が起きたときには関係する教職員と共に対応するようにしたりして、日々の活動を通して伝えることが大切です。

(3) 家庭との連携・共通理解

①外国人児童生徒等の保護者への連絡

児童生徒自身は、毎日の生活を通して、日本の学校について徐々に理解し、活動にも参加できるようになります。しかし、その保護者は、自分が経験した出身国・地域の学校教育のイメージしか持たないため、日本の学校生活について理解できない場合が多いです。そのため、丁寧に説明して理解を求めていくことが重要です。日本の学校教育のシステムと保護者が持つ学校の概念や教育観との違いなどについて話し合い、共通理解が持てるようにしましょう。

②学校と日本人保護者との関係づくり

外国人の保護者は、日本語がよく分からない、日本の学校の様子をよく知らないなどの理由で、子供の教育に関心があっても学校に足を運びにくいという状況があります。そのような保護者にも、学校の教育活動に積極的に参加してもらえるような機会を設けることが大切です。保護者が参加する教育活動では、通訳者を配置するなどして参加しやすい環境をつくりましょう。また、日頃から日本人保護者との接点をつくることも重要です。保護者の横のつながりがあれば、情報の交流も頻繁になりますし、日本語が多少分からなくても、知り合いの保護者がいることで安心して学校に来ることができるでしょう。

(4) 外部機関・地域との連携・共通理解

①教育委員会の担当者などとの連絡

　基本的に、教育委員会担当者などとの連絡窓口は管理職ですが、外国人児童生徒等教育に関しては、新しい教育課題であり、各学校ともその経験が少ないことから、担当教師がその役割を担うケースもあります。例えば、外国人児童生徒等に対する日本語指導の要否や日本語指導の終了時期の判断、教育委員会への日本語指導の支援者や通訳者などの派遣依頼やその計画立案などのような仕事です。当然、最終的な決定は管理職が行いますが、実質的な判断を委ねられたり、直接行政担当者と交渉や相談を行ったりすることも必要でしょう。

②学校間の連携・協力

　日本語指導担当教師は、外国人児童生徒等への教育経験がある教師が他にいないため、校内では相談がしにくい、ということがよくあります。こうした中、複数の学校の担当者間で情報交換や実践の共有化をして、ネットワークを築いている地域が少なくありません。児童生徒の多様な状況、日本語指導の具体的な工夫、保護者との関係の築き方について、近隣の学校の担当教師や、教育委員会派遣の日本語指導の支援者などとの情報交換に努めましょう。

　また、幼稚園・小学校・中学校・高等学校などの間での校種を超えた連携・協力も必要です。小・中学校で連絡会などを開いている例もみられます。高等学校への進学の問題に対応するためにも、中学・高等学校間で情報の共有化や教育方法についての議論が必要です。

③地域との関係づくり

　児童生徒は、学校のみではなく、地域の様々な場面で学び、育っています。児童生徒の生活の場である地域社会と学校が連携することで、外国人児童生徒等の学習はより充実したものになります。地域において、ボランティアの日本語教室や学習支援教室などが運営されている場合がありますが、学校がそのような教室と協力すれば、子供たちを学校と社会の両方で見守ることができますし、学習内容に連続性をもたせやすくなります。

　地域に連携・協力を依頼できるような団体がない場合は、地域住民と学校との連絡会などのときに、外国人住民とその子供たちの教育について話題にし、共に考える場をつくってみてはどうでしょう。地域内の外国人住民との関係づくりという点でも、良い効果が期待できます。学校が、地域の教育体制づくりの契機を提供し、拠点となることは、外国人児童生徒等のみならず、日本人の児童生徒にとっても、地域に住むすべての児童生徒にとっても、より良い生活環境の整備につながります。

2　日本語指導の基本的な考え方

　外国人児童生徒等に対する「日本語指導」は、どのようなことに気をつけて行うべきなのでしょうか。ここでは、平成26年に制度が導入された「特別の教育課程」も踏まえ日本語指導を担当する上で基本となる考え方を示します。

(1) 児童生徒を多角的に把握する

　実際に日本語指導をする場合には、それぞれの児童生徒の生活や学習の状況、適応状況、学習への姿勢や態度などを把握し、個々に適した指導を行うことが大切です。発達段階についても十分に理解する必要があります。次に、児童生徒について把握すべき事項を示します。受入れ時に通訳を付けた面接などで把握しましょう。

1. 来日年齢と滞日期間
2. 背景の言語文化（特に、漢字圏かどうかなど）
3. 発達段階（年齢）
4. 来日前の教科学習経験（国・地域によって学校のカリキュラムは異なる）
5. 基礎的学力（既習の教科内容についてどの程度理解力、知識があるのか）
6. 日本語の力（「外国人児童生徒のためのJSL対話型アセスメントDLA」等による測定）
7. 在籍している学級での学習参加の状況（一斉指導における理解の度合い、参加の様子は、取り出して1対1で指導している状況とは異なる）
8. 家庭の学習環境（家庭内の言語使用状況、保護者の言語能力、教科学習へのサポートの可能性）

これらの情報を「個別の指導計画」に記載するとともに、一人一人の指導に生かしていきましょう。

(2) 学校内外の生活場面すべてが学びの場

児童生徒は、日本語指導の時間のみならず、学校内外のあらゆる生活場面で、日本語の語彙や表現を耳にし、自然に覚えたり学んだりしています。ただし、日々の生活で見聞きする日本語の情報は、体系的に示されるわけではありません。また、日常のコミュニケーションでは、文法規則や語彙選択の点で不適当だったり誤りがあったりしても、意図が通じれば一般的にはそのまま会話は継続されます。相手の質問に答えたり確認要求にうなずいたりすることで、情報の伝達という目的も達成されます。一方、まとまった内容を的確に伝える力や、読み書きの力は、日常の友人同士のコミュニケーションの中で強化することは難しいです。

補足1 第二言語としての日本語

外国人児童生徒等の多くは、家庭内では母国の言語、一歩外にでれば日本語で生活しています。2つの言語で生活をしている彼らにとっての日本語は、「外国語」ではなく、生活のための第二の言語なのです。彼らが「日本語」を学ぶことは、「日本で暮らすこと」を学ぶことでもあります。このような捉え方をJSL（Japanese as a Second Language）と言います。

補足2 生活言語能力と学習言語能力

長年日本語指導を担当し、多くの外国人児童生徒等を観察してきた教師から「日常会話は出来ても、授業などの学習に参加出来ない子供が多い。日常会話の力と、学習で求められる力は違う。」という声をよく耳にします。

この2つの能力は、一般には「生活言語能力」と「学習言語能力」と呼ばれています。前者は、1対1の場面での日常的で具体的な会話をする口頭能力であり、後者は、教科等の学習場面で求められる情報を入手・処理し、それを分析・考察した結果を伝えるような思考を支える言語の力です。「生活言語能力」については、ある程度は、普段の生活の中で自然に身に付きますが、教師による支援も必要です。一方、「学習言語能力」については、生活の中で身に付くことはあまり期待できません。日本語指導担当教師が中心となった計画的な支援が必要になります。

(3) 学ぶことの意味や楽しさを味わわせてスパイラルに

成人の学習者と異なり、児童生徒の場合は、日本語学習に目的意識を持てない場合が多く、学習内容が定着しないことがよくあります。児童生徒の生活にとっては、学習している表現や文法規則には必要性が感じられ

ないのかもしれません。そのような場合、同じ学習項目に留まって暗記を強要したりせず、次の学習に進みましょう。新たな内容と関連付けて学ばせる、あるいは、しばらくしてから児童生徒の生活や学習状況に関連付けて再び取り上げてみるといった工夫をしてみましょう。言語習得のプロセスは、スパイラルに進むと言われています。児童生徒の興味関心や必要性を考慮し、日本語でコミュニケーションすることの楽しさや、意味が感じられる学習活動の中で、繰り返し指導することが重要です。

(4) 在籍学級の学習、日々の生活に関連付けて

　日本語指導に期待されることは、児童生徒の学びに連続性をもたせることです。在籍学級の学習と取り出し指導での学習を関連付けることで、児童生徒は、取り出し指導で学んだことを土台にして、在籍学級での学習に参加することが可能になります。

　学習を始めたばかりの段階では難しいかもしれませんが、例えば、在籍する学級での活動で利用する表現や語彙を、取り出し指導で学ぶことも徐々にできるようになるでしょう。また、取り出し指導で学習した語彙や表現を、在籍学級の担任に意識的に使ってもらうことが、彼らの学習参加を支援することになります。取り出し指導の学習の成果を、在籍学級で発表する機会を設けてもらうということにも、大きな効果があります。日本語指導担当教師には、そのためのパイプ役、あるいはコーディネート役を担うことが期待されます。

　日本語指導担当教師の仕事は、地域社会で学んだこと、学校全体の活動で学んだこと、在籍学級で学んだことを、つなぎ合わせるために、日本語学習という側面から支援をすることだと言えます。それによって、児童生徒の学習の連続性が保障されていくと考えられます。

(5) 児童生徒の「言葉の力」とその把握方法について

　日本語指導に当たっては、児童生徒の「言葉の力」をどう把握するかが大きな問題となります。編入してきた児童生徒が、どの程度の日本語の力をもっているのかを把握した上で日本語指導の計画を立てる必要がありますし、一定期間教えたら、どの程度の日本語の力が身に付いているのかを知り、指導計画を修正することも重要です。

　外国人児童生徒等の日本語の力を測るために、「外国人児童生徒のためのJSL対話型アセスメントDLA」も開発され、活用されています。しかし、測れるのは一部の力だということを認識しておきましょう。例えば、筆記テストで測定できるのは、文法力や語彙力、文字表記の力、読解力、短い文を書く力など、日本語の力の一部です。児童生徒の言葉の力をトータルで捉えるには、他の側面の日本語の力も把握する必要があります。児童生徒の授業中の観察、発表やスピーチ、作文などの成果物の評価も併用して、把握しましょう。

(6) 日本語指導における児童生徒の評価について

　「日本語」については、「特別の教育課程」などにおいて実施されていますが、学校において「教科」として位置付けられているわけではありませんので、当該児童生徒の学習の評価は学校の判断に任されるところです。

　現在、日本語指導を行っている学校では、児童生徒が学習した内容（項目）に関して、到達度による評価を行っている事例が多く見られます。例えば、他の教科の通知表とは別に「日本語学習のあゆみ」等の評価の連絡カードを作成し、定期的に児童生徒・保護者に渡すことにより、当該児童生徒の日本語学習の振り返りをさせるとともに、保護者に児童生徒の学校での日本語学習の様子を伝えています。

3 日本語指導のプログラム

　一言で「日本語指導」と言っても、その内容は様々です。「来日直後」、「日常会話ができるまで」、「在籍学級の授業に参加できるまで」などの段階を踏まえつつも一人一人に合った学習内容を決定することが必要です。児童生徒の滞在期間や日本語習得状況、生活への適応状況などを考慮し、個別の指導計画を作成する等、学習内容を選択しましょう。

　ここでは、取り出し指導における基本的な指導内容・指導方法を「プログラム」として紹介します。以下に主な「プログラム」の概略を説明します。

①「サバイバル日本語」プログラム

　来日直後の児童生徒は、言語はもちろん文化・習慣の違いから生活のあらゆる場面で、困難に直面します。日本の学校生活や社会生活について必要な知識、そこで日本語を使って行動する力を付けることが目的のプログラムです。挨拶の言葉や具体的な場面で使う日本語表現を学習することが主な活動になります。

②「日本語基礎」プログラム

　文字や文型など、日本語の基礎的な知識や技能を学ぶためのプログラムです。日々の生活で浴びせられている日本語について、整理し、規則を学び、自分でも使えるようにするための学習をします。日本語の知識・技能の獲得を目的の中心としつつ、学校への適応や教科学習に参加するための基礎的な力として日本語の力を位置付けて計画しましょう。

　基本的に、(A)発音の指導、(B)文字・表記の指導、(C)語彙の指導、(D)文型の指導の4つがあります。

③「技能別日本語」プログラム

　「聞く」「話す」「読む」「書く」の言葉の4つの技能のうち、どれか一つに焦点を絞った学習です。小学校高学年以上、特に中学生には、有効なプログラムだと言えます。また、読解・作文の学習で、目的に応じて読み書きの力を計画的に高めることは教科学習にとっても有益だと考えられます。

④「日本語と教科の統合学習」プログラム

　学校では、外国人児童生徒等は学習参加のための日本語の力が十分に高まる前から、在籍学級においては教科の授業を受けることになります。そこで、日本語を学ぶことと教科内容を学ぶことを、一つのカリキュラムとして構成するというアイディアが出てきました。それが、「日本語と教科の統合学習」です。児童生徒にとって必要な教科等の内容と日本語の表現とを組み合わせて授業で学ばせます。文部科学省はそのためのカリキュラムとして、「JSLカリキュラム」を開発しています。

⑤「教科の補習」プログラム

　在籍学級で学習している教科内容を取り出し指導で復習的に学習したり、入り込み指導として、担当教師や日本語指導の支援者の補助を受けたりしながら取り組む学習です。児童生徒の母語がしっかりしていて、支援者や教師が児童生徒の母語ができる場合は、母語で補助しながら進めることが有効です。

以下では、各プログラムの内容と指導方法について詳しく説明します。実施に当たっては、それを参考にして、日本語指導を行う皆さんが、担当する児童生徒に合わせて計画を立て、工夫して指導を行ってください。

(1)「サバイバル日本語」プログラム

①学習内容

　ここでは、次の4つの観点から日本語使用場面と教える日本語の語彙・表現を決定します。その児童生徒にとって緊急性の高いものから、順に教えましょう。

　A）健康で衛生的な生活を送るために
　B）安全な生活を送るために
　C）周囲の仲間との関係をつくるために
　D）学校の生活を円滑に送るために

＜観点別表現例＞

観　点	使用する表現例	
健康・衛生	トイレ ・「先生、トイレいいですか」 体調 ・「お腹／頭　いたいです」	給食 ・「これいらない、アレルギー」 衛生 ・「ハンカチ、あります」
安全な生活	交通安全 ・「赤はとまれ、緑は進め」 ・「危ない、だめ」	・「車、気をつけて！」 ・「助けて！」
関係づくり	あいさつ ・「おはよう、さようなら」 休み時間 ・「ぼくも入れて」	・「ありがとう」「ごめん」 物の貸し借り ・「これ、かして」
学校生活	教科名 ・「次、何の勉強？」「国語／算数／社会／理科　他」 教室 ・「先生、どこ？」「体育館／グラウンド／職員室他」 授業の準備 ・水泳カードの書き方「○度、印」 清掃 ・「掃除／ぞうきん／ほうき」 遠足 ・「持ち物、しおり、すいとう、お弁当　など」	

②指導方法

　実際の場面を示し、そこで使用する日本語の語彙や表現を聞かせ、それをそのまま繰り返して言う練習をします。次に、応用できる場面を提示し、その表現を使う練習をします。文法の説明などは、基本的には行う必要はありません。表現も、その時の児童生徒の日本語の習得状況に応じて、例えば、「トイレ」、「トイレ、いい。」、「トイレ、いってもいい。」、「トイレにいってもいいですか。」などから、選択します。また、聞いて理解できるようになることが目的であれば、発話を求めず、「表情やジェスチャーで反応できればよい」、という目標を設定してもよいでしょう。

(2)「日本語基礎」プログラム

(A) 発音の指導

　発音の指導は、文字や語彙の指導、文の音読と一緒に行いましょう。文字と対応させて五十音の発音を練習することも大切ですが、それだけではなく、意味のある語の中の音として認識させて練習させましょう。意識的に学ぶためにも、記憶するためにも有効です。また、アクセントやイントネーションについては、単語だけではなく、文としても練習させるようにしましょう。

　児童生徒は、日本語に接しているうちに、徐々に音にも慣れ正確な発音もできるようになります。最初から

> ＜練習方法例＞
> **一か所のみ異なる音の語彙をペアにして、聴き分け・言い分けをする練習**
> ・清濁の違いによるペア（「かぎ」と「かき」、「てんき」と「でんき」など）
> ・促音の有無の違いによるペア（「きて」と「きって」のようなペア）
> ・長音の有無の違いによるペア（「おばさん」と「おばあさん」など）
> ・アクセントの違いによるペア（「雨」と「飴」、「日が昇る」と「火が消える」など）

正確さを求め、日本語学習への意欲や興味を失わせないように気をつけましょう。

(B) 文字・表記の指導

　基本的には、「ひらがな」→「カタカナ」→「漢字」の順番に指導します。ひらがなの指導については、発音の指導と並行して行うことになります。ひらがなの学習が終了する頃から、教科学習や行事などとの関連を考え、児童生徒の使用頻度が高いカタカナ語彙や漢字語彙については、適宜導入しましょう。

　音を聞いてどの文字かを認識する力、文字を正しく読む力、文字を正しく書く力は、それぞれ異なった力であり、必ずしも同時に身に付くとは限りません。どの力を高めることが目的かを意識した活動をさせましょう。

(C) 語彙の指導

　児童生徒の生活場面に関連のある語彙のグループをつくって、学習させましょう。初期の段階では、「サバイバル日本語」の学習と関連付けて行うとよいでしょう。実物や写真、絵やカードなど視覚的教材を利用して、意味を理解させます。その後も、それらの教材を使った活動を通して、繰り返し聞かせたり話させたり、読ませたり書かせたりします。その後の練習は、「サバイバル日本語」や文型学習と組み合わせて、会話やゲーム、課題解決型の言語活動の中で使うようにして、運用力を高めます。

(D) 文型の指導

　文型は「日本語基礎」プログラムの重要な学習内容です。外国人児童生徒は、日常場面での話し言葉に接しているだけでは、なかなか文法的に整った正しい文をつくれるようにはなりません。取り出し指導では、文型を示し、それを利用して文を理解したり、文をつくって話したり書いたりできるような力を育むことが必要です。

<指導上の留意事項>

○短い文型（単純な構造の文型）から長い文型（複雑な構造の文型）へ

　　文型を指導するときには、文のレベルで教えますが、短く単純な構造の文から徐々に長く複雑な構造の文へという順番で教えます。例えば、まず「～は（名詞）です」という文型とその否定文、疑問文を取り上げます。次に、「～は（動詞）します」という動詞文を取り上げ、そこに、誰と、どこで、どのように、といった要素を加えていきます。以下は、その典型的な提出順です。

　　<文型の提出順の例>
　　1　これは時計です。　　　　　　6　机の上に本があります。
　　2　これは高いです。　　　　　　7　家族と一緒に来ました。
　　3　本を読みます。本を読みました。　8　はかりで重さを測ります。
　　4　プールで泳ぎます。昨日は雨でした。　9　私は友達に会いたいです。
　　5　昨日は暑かったです。　　　　10　明日は雨でしょう。

○第二言語として日本語を学んでいることを考慮して

　　教える文型の順番は、原則的には上に述べたとおりですが、実際に指導するときには、児童生徒が使う日本語を聞いて順番を決めましょう。日常生活において既に使用している文型があれば、その時点で、取

り上げて指導してもかまいません。その表現の意味を確認した後、正しい文で聞かせ、話したり、書いたりする練習を行いましょう。その後も、機会があるたびに確認することが必要です。

○1文から文章へ

文型は、基本的には1文単位で学習しますが、できるだけ日本語の文章や会話に触れる機会を増やしましょう。新しい文型を指導したら、既習の文型や語彙を利用して、会話の練習をさせたり、文章を読む練習をさせたりして、日本語を、コミュニケーションの道具、必要な情報を入手するための道具として活用させましょう。

補足 3　「文型指導」の授業の流れ

ここで、小学校前半（1年～3年）と小学校後半以上（4年～6年、中学生）に分けて、典型的な「文型指導」の授業の流れを見てみましょう。大きくは、「導入」→「練習」→「まとめ・確認」という流れです。小学校前半の場合は、「練習」で具体的な場面を設定した文型の運用練習としてゲーム等の活動をします。小学校後半以上の場合は、文型の一部を入れ替えたり、文をつくったりする「基本練習」をしてから、場面を設定した課題解決型の「応用練習」をします。下の表は「～に～があります」という文型の指導の例です。

○文型指導の例
　「～に～があります（存在文）」

小学校前半（1～3年生）	小学校後半（4～6年生）・中学生
①導入 グラウンドの絵に、鉄棒、ブランコ、滑り台、砂場のカードを置いておき、それぞれについて、場所と物の語彙を確認する。 絵の該当する箇所を指示しながら、口頭で「グラウンドに鉄棒があります。」と文型を導入する。	①導入 机の絵を板書し、その上（下、中）に、「かばん、上靴、ノート、筆箱」のカードを貼り付けておき、指さしやジェスチャーを加えながら「机の上にノートがあります」と文型を導入し、板書する。
②練習 ・導入した文型を、絵で意味を確認しながら繰り返し発話する。 「公園にブランコがあります。」 「中庭に砂場があります。」 ・公園、グラウンド、中庭の絵の上に遊具カードを裏返しておいて、何があるのかを当てるクイズを行う。 A：公園に何がありますか。 B：鉄棒があります。 A：（カードをめくって）いいえ、ちがいます。公園に、砂場があります。 ※最初は教師が出題し、次に児童生徒に出題させる。	②練習（基本練習） A：教師の発話のリピート練習 B：黒板の絵を見ながら、文の下線の個所を他の語彙に入れ替える練習「机の<u>上</u>に<u>本</u>があります」 C：自分で文をつくる練習 D：Q&A練習 　Q：机の中に何がありますか 　A：机の中に筆箱があります。
③まとめ 最後のクイズの内容を「～に～があります」という文型を利用して書き（2～3文）、その後、つくった文を読む。	③練習（応用練習） A、Bのペアになり、背中あわせに座る。Aは、机といすの絵に「かばん、教科書、時計、ノート、筆箱」のカードを置いて絵を完成する。そして、Bに、文型を利用して絵の説明をする。Bは、Aの話のとおりに、自分の絵にカードを置く。最後に、二人で完成した絵を見せあいながら、答え合わせをする。次はBが、問題をつくる。
	④まとめ 応用練習でつくった絵について、文型を利用して文を書く。出だし「ここは○○さんの部屋です。」に続けて書かせる（絵の物すべてについての文）。最後に、類似の文章を読んで部屋の絵を完成させる。

(3)「技能別日本語」プログラム

　児童生徒は日常の友達との交流を通して日常会話の力を高めていますが、まとまった内容を聞く力や話す力、あるいは目的を持って話し合いをする力や議論する力は付きにくいです。また、文型指導での一つの文の構造に関する学習では、文章を書いたり、文章を読み取る力が付きにくいです。高学年以上であれば、そうした力に焦点を当てた指導が重要になります。次のような活動です。

①学習内容
　　A)「聞く」活動（リスニング練習、本の「読み聞かせ」など）
　　B)「話す」活動（ディベート、ディスカッションなど）
　　C)「読む」活動（長文読解など）
　　D)「書く」活動（作文など）

②指導方法
　「書く」活動では、日常会話とは異なる「書き言葉」としての表現や、文と文をつなぐ力、そして、文章のジャンルによる構成の仕方と表現の仕方を学ぶことが重要です。
　「読む」活動の「読解」の学習では、いわゆる精読よりも、大体の意味を把握するための読み方、必要な情報を得るための読み方を身に付けさせることが大事です。他にも、予測しながら読むことや、分からない個所は類推しながら読むことなども、日本語学習中の児童生徒にとっては、大きな力になります。

> <活動例　「短冊作文」>
> 　低学年の例：①出来事について教師が質問し、それに答える。
> 　　　　　　　②答えを短冊に書く（書字力に課題が多い場合は、一部教師が補助）。
> 　　　　　　　③短冊を並べて、どの順番にしたらいいか決める。
> 　　　　　　　④つなぎの言葉を提示し、それを利用しながら、短冊の文を別の紙に書いて作文にする（書字力に課題が多い場合は、短冊を貼りつけてもよい）。
> 　　　　　　　⑤最後に、書いた作文を読んで、どこが上手に書けたか感想を言う。
> 　高学年の例：①自分が説明したものの写真を撮る（全体と細かな部分の写真）。
> 　　　　　　　②その写真についてやり取りしながら説明する。
> 　　　　　　　　この時に、重要な語彙や表現を写真に書きこむ。
> 　　　　　　　③どの写真から説明すると分かりやすいか考え、写真を並べる。
> 　　　　　　　④それぞれの写真について、短冊に説明の文章を書く。
> 　　　　　　　⑤接続の表現を補いながら、短冊の説明文を文章として書き直す。
> 　　　　　　　⑥できあがった説明文と写真を組み合わせて冊子にする。
> ※作文指導では、まず文章にする内容を構成し、それを日本語で表現することを重視します。書字力や原稿用紙の使い方などについては同時に要求しないようにしましょう。文字の書き方を忘れていると思ったら、50音表や漢字リストを見せ、確認させて書かせましょう。文字を書く力に関しては、内容と表現が決まってから指導したり、別途練習する時間を設けたりしましょう。

(4)「日本語と教科の統合学習」プログラム

　日本語を学ぶことと教科内容を学ぶことを、一つのカリキュラムとして構成するのが、「日本語と教科の統合

学習」です。文部科学省では、日本語学習から在籍学級での教科学習の橋渡しとして、この考え方に基づき「JSLカリキュラム」を開発しました。このカリキュラムでは、「日本語で学習活動に参加する力」を「学ぶ力」と呼び、その育成をねらいとしています。以下に、その特徴を4点紹介します。

　①個々の児童生徒の実態に応じた個別のカリキュラムの作成を前提とする。
　②日本語を教科学習の場面から切り離さずに学習する場面をつくる。
　③具体物や直接体験により学びを支える。
　④対象児童生徒の学習参加を支援するために日本語表現を調整し、明確化する。
　　その表現は固定化したものではなく対象児童生徒の実態に応じて決定する。

①学習内容

　「JSLカリキュラム」では、目標が言語面と内容面の2つの面からなります。例えば、算数の割り算について理解し、割り算ができるようになるという算数の目標があったとすれば、その学習において必要とされる日本語の力が日本語の目標となります。例えば、「割り算の計算の仕方を日本語で表現できる」といった目標になります。この日本語の目標は、児童生徒の日本語の力によって変えなければなりません。授業の設計においては、学習内容が優先して決定され、対象の外国人児童生徒がその学習に参加するためには、どのような日本語の語彙や表現・文型が必要かを後で決定します。

②指導方法

　「サバイバル日本語」の学習、「日本語基礎」の学習がある程度進み、文字の読み書きや簡単な会話ができるようになったら、積極的に教科内容と日本語を結び付けた学習を始めましょう。「日本語と教科の統合学習」として、単独のプログラムをつくれる場合は、3か月単位ぐらいで、どの教科のどの単元をどのような目標設定で実施するかを決めましょう。児童生徒にとっては、取り出し指導での学習と、在籍学級での教科学習が結び付けられ、知識・技能として蓄えられていくはずです。

　一方、単独のプログラムができないという場合は、他のプログラムと関連付けて教科内容を取り上げて授業を組み立てましょう。例えば、文型の学習後に、その表現を利用できる教科内容について話し合ったり書いたりする活動を組み込みましょう。存在文の「～に～があります」であれば、社会科に関連付けて、地図を見ながら、町の東西南北に何があるかを読み取り、日本語で表現します。

　　※JSLカリキュラムには、「小学校編」と「中学校編」があり、
　　　文部科学省のホームページ（http://www.mext.go.jp/a_menu/shotou/clarinet/003/001.htm）でダウンロードできます。
　　※また、JSLカリキュラムの実践事例については、（http://www.mext.go.jp/a_menu/shotou/clarinet/jsl/1287871.htm）を参照してください。

(5)「教科の補習」プログラム

①指導内容

　在籍学級で学習している教科学習を補習することが目的ですので、学習内容は在籍学級の担任や教科担任の教師と相談して決定します。在籍学級で終わらなかった学習課題や宿題を補助して行ったり、理解が不十分な内容を復習したりします。

②指導方法

　指導方法については、取り出し指導で復習的に実施するのか、あるいは、在籍学級における授業に担当教師や日本語指導の支援者・支援員が在籍学級で対象となる児童生徒の補助をするのかなどによって違います。こ

れも、在籍学級の担任や教科担任と相談して決定します。

また、児童生徒の母語がしっかりしていて、支援者や教師がその母語ができる場合は、母語で補助しながら進めることが特に有効だと言えます。ただし、母語ばかりに頼ってしまわないように指導には配慮が必要です。

補足 4　母語による支援

母語による支援は、児童生徒にとっては、気持ちを伝えられるので安心できる、日本語だけでは理解できない内容を効率よく理解できるといった大きな利点があります。また、児童生徒が来日前に出身国・地域で学んできたことを生かして、継続的に学習を進めることにも役立ちます。日本語で学ぶとなれば、日本語の力が壁となり、一時的にそれまでの学習を中断せざるをえない状況になりがちです。

ただし、小学校の低学年では、母語の力自体が十分育っていない場合には、母語で説明したからといって、教科内容の理解が円滑に進むとは限りません。児童生徒の母語の発達状況に応じた対応・支援が重要です。

母語による支援で陥りやすい問題もあります。例えば、児童生徒が母語に依存し過ぎて日本語を聞いて理解しようという気持ちになれない、母語と日本語を適当に切り替えながら使用しているので、どちらの言語においても体系的に力を付けられない、などです。母語を支援のために有効に利用するには、どのような場合に母語で、どのような場合に日本語で対応するのかについて、担当者間で相談しておくことも必要でしょう。バイリンガル教育においては、指導する側がルールなしに言語を切り替えることは、2つの言語の発達という視点では、プラスに作用しないと考えられています。

児童生徒が母語や母文化を自身の一部として肯定的に捉え、日本社会においても自己実現できるように、日本語と母語の両方の力を育むことが期待されます。そのためにも、母語支援の重要性を確認するとともに、そのありようについても検討を重ねることが求められています。

補足 5　その他のプログラム

児童生徒の母語や出身国・地域での生活の様子などを題材とした学習（「母語・母文化教育」プログラム）や、日本人児童との交流活動（「交流」プログラム）などがあります。これらは、児童生徒のアイデンティティの形成について配慮するとともに、学校への適応や、仲間とともに学ぶ力を高めることもねらいとしたプログラムということになります。

補足 6　母語の力と日本語の力

日本語教育には関係ないと思われがちですが、児童生徒の母語（第一言語：L1）の発達状況は言語能力を捉える上では非常に重要な要素です。

母語（L1）と第二言語（日本語：L2）の関係については、深層面の認知的・学問的な側面を支える力の部分は、共有していると言われています（図3-2参照）。一方、それぞれの言語の発音・文字・語彙・文法、おしゃべりの力などは、表層面の力であり、その言語に触れ、学習しなければ獲得できない力です。

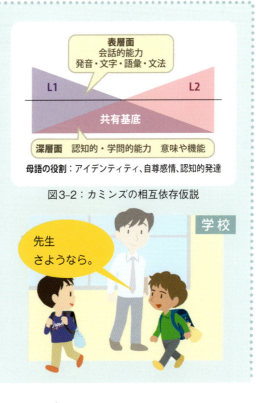

図3-2：カミンズの相互依存仮説

日本語を学ぶ児童生徒の場合、来日する年齢によって母語の発達の度合いが異なりますが、小学校に入学する時期の児童であれば、日常会話の力は身に付いています。しかし、「今、目の前にある」具体的なこと以外については、まだうまく伝えられません。学校入学後、体系的、意図的な教育を受け、文章に触れ、読み書きの学習を通して、徐々に深層面の力がはぐくまれていきます。目前にないことについて述べたり、考えたりするために言語を使用する力や、抽象化・一般化して物事を表現する力です。そうして培った認知的学問的な言語の能力や、言葉の意味や機能についての体系化された知識は、第二言語を学ぶ時に

も活性化されると言われています。小学校の低学年程度の児童の言語習得の強みは、音の聞き取りや発音、場面と一緒に丸ごと表現を覚えられることです。ただし、日本語の語彙の意味を母語で伝えても、母語でその語彙の概念や意味を知らなければ理解できません。一方、小学校高学年以上の児童生徒の強みは、母語で培った考える力、分析する力、言葉の概念に関する知識を利用して第二言語を学べることです。この点からも、年齢と母語の力の違いが日本語の学習に影響することが分かると思います。

深層面の力は、小学校の高学年ぐらいまでに発達すると言われています。低学年で来日した児童の場合は、来日後も母語の習得を意図的に促進させるか、日本語の教育をしっかりと行うかしないと、どちらの言語も思考する力が未発達という状態になることがあります。その場合、言語の問題だけではなく、教科学習にも負の影響がでます。

4 指導計画の作成（日本語指導のコース設計）

(1) 日本語指導のコース設計とは

日本語指導担当教師としては、児童生徒一人一人に合わせた個別の指導計画を作成して「特別の教育課程」による指導等を行うことが重要です。これをここでは、「コース設計」と呼びます。対象となる児童生徒に対する指導の期間、頻度などを決めると同時に、どんなプログラムを、どのようなペース（順序と時間的な配置）で教えるかが重要になります。

(2) プログラムの配置とコース設計

コース設計においては、「サバイバル日本語」「日本語基礎」「技能別日本語」などのプログラムを、児童生徒に合わせ、どのように組み合わせるかがポイントとなります。

また、設計するコースの期間についてですが、来日直後は2週間ごとに、来日3か月目以降は3か月ごとにするなどの工夫をしてください。また、日本語の習得状況や学校生活への適応状況に合わせて、設計した指導計画を見直すことが必要ですが、3か月に1回程度は、計画を再検討するとよいでしょう。

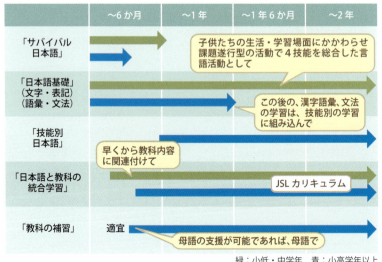

図3-3：コース設計　プログラムの組み合わせ例

実際に皆さんがコース設計をするときの参考として、1つのモデルを示します。これは、学校において、来日後、毎週2時間程度の日本語指導を、2年間継続できる場合のコースの設計例です（**図3-3**）。コース設計は、①サバイバル日本語、②日本語基礎、③技能別日本語、④日本語と教科の統合学習、⑤教科の補習の5つのプログラムの配置により行っています。また、緑色が小学校低・中学年、青色が小学校高学年以上を想定しています。（発達段階によるコース設計に関しては、次項をご覧ください）。

(3) 発達段階によるコース設計

コースを設計する上では、児童生徒の発達段階を十分考慮することが重要です。ここで、①小学生の前半（1〜3年生程度）、②小学生の後半（4〜6年生程度）、③中学生の言語習得状況の特徴をまとめてみます。

発達の段階	＜言語習得の特徴＞と＜適した指導方法＞
小学生・前半 （1〜3年生程度）	＜特徴＞ 日常生活の日本語使用場面でシャワーのように自然な日本語を浴び、その表現を場面との関係で丸ごと覚える。 ＜指導方法＞ 文法説明はあまり有効ではない。児童の生活に関連のある具体的な場面とともに日本語を聞き、その表現を繰り返し使って活動する経験を通して習得する。
小学生・後半 （4〜6年生程度）	＜特徴＞ 言語を分析する力が一定程度発達しており、具体的な場面での日本語使用例を聞いたり補助的な説明を受けたりして規則を理解することができる。 ＜指導方法＞ 理解した日本語を実際的な場面や興味のある内容に関連付けて使う経験を通して習得させる。
中学生	＜特徴＞ 言語を分析する力や文法規則を応用して使用する力も発達しつつあり、用例と説明を受けて意味や規則を理解することができる。 ＜指導方法＞ 理解した日本語を状況に合わせて使用する練習を通して運用力を高める

次に、参考として、①小学生の前半、②小学生の後半、③中学生のコース設計の具体的な例を説明します。どの段階でもプログラム同士の関連を重視したものになっています。

①小学生の前半（1〜3年生程度）におけるコース設計例
○コース設計例（一部）　小学2年生　中国から来たAさんの場合

プログラム		来日2か月（初期段階）	来日1年（中期段階）
「サバイバル日本語」		衛生検査（うがい、爪切り、手洗い　など）	学習発表会のお知らせ
「日本語基礎」	語彙	衛生検査に関する語彙 （ハンカチ、ティッシュ、爪切り、手あらい、うがい、きれい、きたない）	学習発表会の演目の語彙
	文型	「〜をもってきます」	「学習発表会で、合唱をしました」 「上手にできました」
	文字	ひらがな （果物の語彙と関連付けて）	漢字（1年の漢字） 手、足、目、耳
「日本語と教科の統合学習」		1〜20までの数の言い方と算数の足し算の読み方	算数のかけ算（在籍学級と同じ内容） ＋○つずつ、○つぶん、かける
その他		クラスでの自己紹介	学習発表会についての作文の発表会

以上は、4月に来日し、小学校2年に編入したAさんのコース設計例です。来日2か月程度の時期（初期段階）と、来日後1年（中期段階）の学習内容です。「サバイバル日本語」のプログラムを中心に学習内容を決定しています。初期段階では、衛生面における学校生活への適応の視点から学習内容を決定しており、「日本語基礎」プログラムの語彙と文型項目も関連付けて選択しています。

中期段階は、「サバイバル日本語」で学校行事を取り上げており、「日本語基礎」でも、その行事に関連のある語彙や文型を選んでいます。一方、文字に関しては、ひらがなは、既知の果物の日本語名称と文字を取り上げて

います。中期段階も、1年生の漢字から、身体部位を取り上げ、意味のまとまりを考えて教えます。

<指導上の留意点>
○ゲームやクイズ活動などを通して
　認知的には発達途中であり、日本語にシャワーのように触れ、繰り返し使うことを通して身に付けていくという学習が適しています。児童が日常的に目にする具体的な場面を設定し、興味、関心をもつゲームやクイズなどの活動を組み入れましょう。

○「音・文字」の対応と「意味」との関連付け
　文字と音との対応関係を正しく理解し、実際に正しく表記できるようになるまでには時間がかかります。文字の並びが、語を形成し、意味をもつことを認識するためにも、文字と音を一緒に提示するとともに、意味も分かるようにする工夫が大事です。ある語を聞かせるときには、文字とその意味が分かる絵や写真も提示します。それを繰り返し行います。

○教科学習支援
　初期の段階では、算数であれば、数字の読み書きや数え方、既に学習している内容について日本語での言い方などを学び覚えることが中心となります。児童が既知の内容であれば、内容を理解していることが日本語の理解を助け、日本語習得を促すことも大いにあります。積極的に日本語と教科の統合学習を行いましょう。

②小学校の後半（4～6年生程度）におけるコース設計例
○コース設計例（一部）　小学6年生　フィリピンから来たBさんの場合

プログラム		来日2か月（初期段階）	来日10か月（中期段階）
「サバイバル日本語」		修学旅行（電車の乗り方）	―
「日本語基礎」	語彙	電車に関連のある内容 駅名、新幹線、切符、ホーム	輸入、輸出
	文型	「～で、～に乗ります」 「～で、降ります」	受身表現（「このバナナはフィリピンから輸入されています」）
	文字	カタカナ　ア行	1年の漢字、社会科「世界の中の日本」の漢字の読み
「日本語と教科の統合学習」		日本地図と地名	「世界の中の日本」フィリピンと日本
その他		クラスでの自己紹介	フィリピンと日本の関係の発表

　4月に来日し、6年生に編入したフィリピン出身のBさんのコース設計例です。来日2か月目では、「サバイバル日本語」と「日本語基礎」の学習を関連付けて実施しています。「日本語と教科の統合学習」では、修学旅行を考慮して日本地図の学習をしています。

　10か月目には、「サバイバル日本語」の学習は終了しています。「日本語基礎」の学習として、文型では受身表現、語彙は「輸出、輸入」、漢字は社会科の教科書で出てくる漢字を取り上げています。これらは、「日本語と教科の統合学習」の社会科の単元「世界の中の日本」との関連で選定されています。また、その他の活動として、在籍学級では、Bさんが取り出し指導で調べた「フィリピンと日本の関係」を発表する活動が組まれています。初期段階では、「サバイバル日本語」と「日本語基礎」の内容を、中期段階では「日本語と教科の統合学習」と「日本

語基礎」「その他」の活動の内容を関連付けています。この例では、取り出し指導での学習を、学校生活や在籍学級の教科学習と連動させて行っています。

＜指導上の留意点＞
○文の構造や意味の分析
　語彙の意味や文構造の説明を聞いて理解したり、いくつかの例文を見て文法的な規則を見つけたりする力も少しずつ高まります。その規則を利用して文をつくることも、段階的にできるようになります。

○コミュニケーション活動を通した豊かな運用経験
　2か月目の活動のように、児童生徒の興味のあるトピックについて会話をしたり、互いに知っている情報を交換するために話し合ったりするコミュニケーション活動を組み入れましょう。興味関心があることや疑問をもったことについてテーマを設定して調べるというような活動もよいでしょう。

○教科学習支援
　既に学習した内容については、日本語でどう表現するか、初期段階から積極的に教えましょう。また、在籍学級での学習内容について重点化して対象児童生徒のための授業計画を立てて「日本語と教科の統合学習」を実施しましょう。その内容に応じ、使用する日本語も絞り込みましょう。内容の理解と日本語の習得の両方を目的とすることが重要です。

③中学生におけるコース設計例
○コース設計例（一部）　中学2年生　ペルーから来たCさんの場合

プログラム		来日2か月（初期段階）	来日1年（中期段階）
「サバイバル日本語」		宿題（宿題の内容を理解する）	―
「日本語基礎」	語彙	宿題、教科書、ワークブック他 読む、書く、聞く、話す、出す	季節名、気候に関する語彙 数が増える／減る
	文型	「～から～まで」 動詞文（「～を～します」）	仮定表現（「～ば～」）
	文字	ひらがなの復習 部活動で使うカタカナ語彙	小学校3年以上の漢字 （人偏の漢字）
「教科の補習」		―	在籍学級で学んでいる数学の内容
その他		部活動への参加	地域のボランティアとの交流

　中学2年生のペルー出身のCさんのためのコースです。ここでは、初期段階では「サバイバル日本語」で宿題の内容を理解するという活動をしますが、「日本語基礎」では関連する語彙や文型を取り上げています。一方、中期段階の「日本語基礎」の語彙と文型で、仮定表現について「～ば、数が増えます」という用例を示し、数学の学習で利用できる表現を学習するように計画されています。漢字の学習では、構造のパターンを利用して学ぶことができます。小学校の学年のくくりではなく、「へんとつくり」という構造に着目して、漢字をグループ化して学ぶようにしています。

<指導上の留意点>

○**小学校との教育・支援体制の違い**

中学校では、教科担任制ですので、学級担任であっても、接する時間は多くありません。また、日本語指導担当教師は、部活動など放課後の生徒たちの行動への支援も行う必要があります。加えて、卒業後の進路を想定した学習内容を決定するということも重要になります。教科担任制、生徒たちの行動範囲の拡張、進路の問題もコースを設計する上では、考慮する必要があります。

○**教科の力を活性化して**

中学校で編入してくる外国人生徒等の場合、小学生よりも各教科の学習経験や知識があると考えられます。その力を活用し、教科学習を通して日本語の力を強化することもできます。例えば、まず教科の力を利用して数式の計算をします。次に、それを日本語でどういうかを学びます。この計画では、この生徒のための「日本語と教科の統合学習」ではなく、「教科の補習」プログラムで教科学習の支援をしています。在籍学級の数学の学習内容について、やさしい日本語で理解を促します。

○**生徒の生活空間の広がりを意識して**

上記の例で「その他」の支援内容に示されているように、中学生の指導では、学びの場として部活動や地域社会での活動なども念頭に置いておく必要があります。児童生徒の生活空間の広がりに応じて日本語を使う場も広がりますし、そこでの児童生徒の営みをも支援の対象としたいところです。

第4章 在籍学級担任の役割

1 在籍学級での外国人児童生徒等の受入れ

(1) 学級担任として必要な視点

　学級担任として、外国人児童生徒等を学級に受け入れる際、「言葉が通じるだろうか」、「学級になじめるだろうか」などの心配から、「大変だ」、「面倒だ」などとマイナスに捉えてしまう場合も少なくないようです。しかし、外国人児童生徒等を学級に受け入れることは、在籍学級の児童生徒にとっても多様な価値観や文化を知り、成長できる大きなチャンスであり、学級を豊かにしてくれるプラスの出来事だということを理解しておきましょう。
　学級担任として、以下の2つの視点を持つことが必要です。

①広い視野を持つこと
　グローバル化が進展する中、世界中で多くの人々が国境を越えて移動しており、日本の児童生徒を含め、子供たちはすべていずれの国においても、地域や学校にしっかりと受け入れられることが重要です。これは、世界の動向をしっかりと把握し、国籍にかかわりなくすべての児童生徒を大切にする視点です。

②個に応じた視点
　異文化の中で育っていく児童生徒は、言葉の問題や異文化間での価値観、習慣の違いなどについて、一人一人が課題を抱えているため、きめ細やかなケアが必要です。これは、個に応じた指導が必要であるという視点です。

　外国人児童生徒等の受入れに際しては、これらの両方の視点をもって、児童生徒に向き合い、教師自ら、受容的な姿勢を示すことが大切です。

(2) 外国人児童生徒等の受入れの流れ

　在籍学級の児童生徒にとって、その国籍にかかわらず、学級に新しい仲間が増えることは、大きな喜びですが、「どんな子かな」、「仲良くなれるかな」など多少の不安も抱えているものです。しかし、編入してくる児童生徒やその家族の不安はそれよりも大きいものです。学級担任の温かな姿勢としっかりと配慮した受入れ体制づくりが求められます。外国人児童生徒等の受入れについては、日本人児童生徒の受入れと共通な面もありますが、異文化ゆえの配慮も、適宜必要な面があることを留意しておきましょう。そのために、先に示した2つの視点を生かしながら、受入れの全体の流れを理解し、その段階にあった細やかな指導を行いたいものです。

> **＜学校の受入れ体制づくり＞**
> ○校内での共通理解　○日本語指導体制づくり　○地域との連携体制づくり

⬇

> **＜受入れ時面接＞**
> ○管理職との連携　○言語に対する配慮
> ○学校についての情報の提供　○児童生徒、保護者についての情報の収集

⬇

> **＜学級での受入れ＞**
> ①学級の温かな雰囲気づくり・外国人児童生徒等に対する初期指導
> ②学級での人間関係についてのきめ細かな配慮
> ③個性を認め合う、受容的な学級づくり
> ④相互理解を深めさせ、学級の国際化を進める

図4：外国人児童生徒等の受入れの流れ

> **＜事例1：学級での初対面での配慮＞**
> 　学級担任をしていると、外国からの編入ではなくとも、引っ越し等による転入の児童生徒を受け入れた経験はほとんどの先生がお持ちだと思います。その場合、学級担任は、まずその児童（生徒）を教室に連れて行き、次のような自己紹介をさせることが多いのではないでしょうか。「ぼくは、○○市の小学校から来ました△△△△です。よろしくおねがいします。」日本人の児童生徒であれば何の問題もない、自然な指導だと言えます。しかし、外国から来たばかりで、日本語がほとんどできない児童生徒にとっては、この挨拶の言葉ですら大変なプレッシャーとなります。学級担任がよかれと思って行う指導も、外国人児童生徒等に対しては、異なる方法が必要な時もあると言えます。

2　外国人児童生徒等の受入れ体制づくりと必要な指導

(1)学校の受入れ体制づくり

　外国人児童生徒等の受入れでは、言葉の問題がでてきます。来日したばかりの子供が、まず初めに直面する問題は、日本語が分からない、ということです。ここでまず留意すべき点は国語の指導と日本語指導は大きく異なるということです。また、学級担任にとって受容的な学級の雰囲気づくりをすることが大きな役割になります。

　日本語指導については、学級担任だけで行うのではなく、様々な連携をとった方がより適切な指導を行うことができます。そこで、前もって、管理職や日本語指導担当教師などと連携し、日本語指導や学級の情報伝達の体制づくりを行うことが重要です。管理職や日本語指導担当教師など相談しながら、「特別の教育課程」の編成・実施の判断も含め、以下のような体制づくりを心がけましょう。

①学校全体での共通理解と協力体制づくり
　・管理職、日本語指導担当教師との連携、他の教師との情報交換、校内研修など

②地域での連携体制づくり
- 教育委員会の担当者、地域のNPO・ボランティア団体等とのつながり
- 地域人材の活用、教育委員会派遣などによる外部人材(日本語指導の支援者、学習支援ボランティア、通訳など)の確保

特に、小学校の場合、担任の学級に対する影響力は大きく、一人で様々な課題を抱え込んでしまう場合もありますが、外部とのつながりを広めていこうとする姿勢が重要になります。

(2) 外国人児童生徒等への必要な指導

①受入れ当初の面接と指導

学級担任が初めて外国人児童生徒等に出会う場面としては、例えば、校長室などで、面接を行い、児童生徒とその保護者に学校生活について説明するときなどが想定されます。この場面で、どのようなことを説明したらよいか、まず、内容をしっかりと整理してから臨むことが大切です。面接に臨む学校側の体制や面接の内容などについては、管理職や日本語指導担当教師などと相談の上、確認しておくべきです。また、日本語の理解の程度も事前に把握して臨みたいところです。そのために、以下の点をおさえておくことが必要でしょう。

○通訳者に同席してもらうなど、言語に対する配慮を行う。

外国人児童生徒等もその保護者も全く日本語が話せない場合も多々あります。

もし通訳者が同席できない場合は、当該言語の対訳集を用意したり、翻訳アプリを活用したり、校内の写真や学校で使う言葉の単語カードなどを準備したりしておくとよいでしょう。

○児童生徒のプロフィールや家庭環境等を記載した個票を作成する。

「特別の教育課程」による日本語指導を実施する場合はもちろんですが、実施しない場合でも、在籍学級担任として、児童生徒一人一人のプロフィールや家庭環境等を記載した個票の書式(項目)を決めて、作成するようにしておくとよいでしょう。学級によって情報量の違いが出ないように、記載項目としては、「個別の指導計画」とも関連させて、次のような内容を共通に設定しておくとよいでしょう。

- 本名と呼称
- 性別
- 生年月日
- 来日年月日
- 現住所
- 緊急連絡先
- 家族構成
- 国籍
- 家庭内使用言語
- 滞在期間
- 滞在予定
- 日本語学習歴
- 出身国での学習
- 好きな教科
- 得意なこと・趣味
- 将来の希望・進路
- 病歴やアレルギー
- 発達障害の診断の有無
- 宗教上の配慮事項など

○学校生活上の最低限必要な情報を明確に具体的に伝える。

最低限必要な情報をはっきりと伝えるために、アルファベットなど保護者が読める表記にしたり、実物を示したりして工夫しましょう。また、持ち物など一度に全てそろえることが難しい場合もありますので、当面は代替品でもよいことも伝えます。

子供と保護者に伝えること
学年・学級、学級担任の名前
当面必要な持ち物（上靴、筆記用具、給食セット、体操服など）
学校生活の一日の流れ（登校時刻、下校時刻、時程など）
学校の施設の使い方（靴箱、トイレ、教室、保健室、職員室などを案内する）など

保護者に伝えること・確認すること
学校の電話番号、遅刻・欠席をするときの連絡の仕方
緊急連絡先（保護者、日本語が通じる知人、会社などの電話番号）
学校で必要となる費用（学校徴収金、給食費、PTA会費など）と納入方法
主な学校行事（遠足、授業参観・保護者会、休日に開催される運動会など）

○日本滞在の理由、予定など基本的な情報を確認し指導に役立てる。
- 来日の理由、日本での生活経験、今後の滞在予定などを聞いておく。特に、一時的な滞在で数年後に帰国予定なのか、定住する予定なのかで、当該児童生徒に対する指導の内容や目標の設定の仕方にも配慮が必要である。中学生の場合、高校受験、就職など進路を意識した目標設定が必要になる。

> **＜事例2：名前に対する配慮＞**
>
> 　受入れ当初に、特に配慮しなければならないことの一つに、外国人児童生徒等の名前についての認識があります。
> 　日本人の名前は、「姓」と「名」の2つで構成されているため、学校ばかりでなく、様々な場面で活用される書類などについて、基本的に2つの枠にそれぞれ「姓」と「名」を記入することになります。しかし、世界には様々な名前が存在し、必ずしも2つの枠に収まるとは限りません。名前は、個人のアイデンティティの根源です。本名をしっかりと確認し、書類等に記入する（してもらう）ことが重要です。
> 　また、学校や役所などで、例えば南米出身の方が記入したアルファベット表記の名前を見て、教師や係が、英語的な発音（例：パウロ→ポール等）で登録してしまうこともあるようです。日本人が外国人を受け入れる場面で、相手の文化を尊重し、柔軟に受け入れる配慮がないと、気づかないうちに名前すら変えてしまうことがあるのです。来日当初は、当人は、このようなことが起きていることにすらなかなか気づかなかったり、気づいても言い出せなかったりします。しかし、後になって問題となることも多いのです。このような名前に関する配慮は、学級担任としても常に意識をしておきたいものです。

②学級での初期指導

　外国人児童生徒等と在籍学級の児童生徒たちが初めて出会う場面では、子供たちはお互いに相当に緊張しています。この場面で、在籍学級に温かな雰囲気があれば、外国人児童生徒等はとても安心し、これからの学校生活に期待感を持つことができます。転入生に自己紹介をさせることが多いと思いますが、特にその子にとって初めての来日である場合、担任から紹介してあげる、若しくは、学級に入る前に、簡単な自己紹介の言い方をしっかり教え、練習させておく、などの配慮が必要です。

　その他、受入れ当初の学級での留意事項を以下に示します。

- 当該児童生徒の母語と日本語、両方の挨拶で迎えるとよい。その児童生徒の母語を学級の児童生徒が使うことによって、好意的な受入れのメッセージはより強く伝わる。
- 座席は、担任の近くとし、いつでも配慮できるようにしておく。
- 靴箱やトイレなどの場所や使用法などの最低限必要な事柄は、学級場面で再度具体的に指導する。
- 休み時間など学校生活のケアをしてくれるよう児童生徒にお願いしておくのは望ましいが、特定の児童生徒に固定化しない方がよい。

- 個別に話す場面では、ゆっくりはっきりした口調で分かりやすい日本語で語りかける。
- 長所を見つけ、学級の前でほめるよう意識し、自己肯定感をもたせる。
- 学校行事や健康診断などのときは、個別に内容や方法を伝える。保護者に対するお知らせは、できるだけルビ振りをしたり、通訳の方に訳してもらったりする。
- 学習の進度を常に確認し、取り出し指導の日程や内容などについて、日本語指導の支援者などと十分に話し合い、調整しておく。

③児童生徒の適応状況(時期)にあった指導

　外国人児童生徒等は、学級への慣れや日本語の習得状況によって、級友との人間関係や、授業態度などにも変化が見られます。さらに、その外国人児童生徒等を受け入れる学級の児童生徒も、月日が経つにつれ、当該児童生徒に対する意識・態度も変わってくるものです。このようなことを学級担任が認識しているかどうか、その時期にあった指導をできているかどうかが、当該児童生徒にも、学級にも大きな影響を与えることになります。

　以下に日本に来たばかりの児童生徒の一般的な適応状況(時期)とそれぞれに応じた配慮事項を記述します。

1) 自己表現が難しく、不安と期待が入り混じっている時期

　この時期には、情緒的・身体的に不安定な面もあるため、学校生活・家庭生活のことなど、保護者としっかり話し合い、相互理解を深めるとともに、信頼関係を築きましょう。

　学級での注目度は高く、多くの児童生徒から好奇の目で見られたり、面倒を見てもらったり、話しかけられたりします。このような学級の児童生徒からの働きかけに対し、日本語が分からないために、あまりかかわろうとしない児童生徒もいれば、日本語が分からなくても、言葉を教えてもらったり、一緒に遊んだりして学級に溶け込んでいく児童生徒もいます。

　学級担任としては、学級の様子を観察し、適宜、当該児童生徒に声かけをすること、また、学級に対しても、ゆっくり丁寧に話しかけること、常に笑顔で対応してあげることなど、配慮の仕方について指導を行うことが大切です。

2) 学級での居場所を見つけようとする時期

　この時期には、授業の内容にはついていけないまでも、級友との日常会話については支障なくできるようになり、休み時間などに、級友と一緒に行動ができるようになります。在籍学級の児童生徒は当該児童生徒と行動を共にする中で、「今度の子はサッカーがうまいな」「明るくておもしろいな」「絵が上手だな」など、当該児童生徒の特性に気づき、学級集団の中に位置付けていきます。

　学級担任は、当該児童生徒の個性(母国の学校生活、学習履歴、趣味、特技、性格、態度、家庭での役割や様子など)を、普段の様子の観察、本人や保護者との面談、学級の他の児童生徒からの話などから、しっかりと把握しておくことが大切です。そして、その個性に合わせ、学級での活動や遊びの場面に誘導してあげたり、友人関係の形成を支援してあげたりすることも必要です。特に、日本語の力をあまり必要としないスポーツの場面などで活躍できる活発な児童生徒の場合、学級集団に溶け込みやすいのですが、比較的おとなしい内気な児童生徒の場合は、友人関係の形成が自分だけでは難しく、孤立してしまう場合もあります。学級担任がその児童生徒の個性を幅広く認め、学級での居場所をつくってあげましょう。言葉が通じるようになった、と安心するのではなく、学級での人間関係へのきめ細かな配慮が必要です。

3）学級としての調和が求められ、とまどうときもある時期

　この時期には、外国人児童生徒等も、授業などの活動場面においても、ある程度言葉が理解できるようになり、一人一人の個性や母文化での違いもありますが、自分からも積極的に発言したり、発表したりするようになります。

　しかし、場合によっては、その積極性が、日本人児童生徒からは異質に感じられ、言葉の、もしくは無言の圧力をかけられたり、同調することを求められたりすることもあります。また、自分の行った行動について、教師から、「〜してはいけない」と注意され、とまどってしまうこともあります。これらのケースの多くは、その児童生徒の持つ母文化と日本の文化の違いに起因しており、なぜ、友人から煙たがられるのか、教師から注意を受けるのか分からないことが多いのです。学級担任としては、級友とのトラブルについては、見逃すことなく、その理由を認識し、本人に対しても、他の児童生徒に対しても、異文化をお互いに受け入れる開かれた心が育つよう、丁寧に指導することが必要です。また、学級担任自ら指導するときも、なぜ指導しているのか、どう行動すべきだったのか、などを丁寧に分かるように説明してあげることが重要です。

　この時期は、外国人児童生徒等が自分らしく行動を始め、学級の一員として大いに活躍できる時期ですが、学級担任が、広い視野をもって多文化共生の教育などを重視して、多様性の受容など、学級の国際化をしっかりと図ることが極めて重要なことだと言えます。

4）学級みんなで相互理解をしつつ学級の一員として活動できる時期

　この時期には、学級の中での人間関係も形成され、外国人児童生徒等も学級の児童生徒もお互いの良さを認め合い、それぞれの良さを生かしつつ、学級が成長できる時期です。外国人児童生徒等が在籍することで、学級の国際化が進み、様々な活動を通してそのことが実感できるはずです。

　しかし、場合によっては、外国人児童生徒等がどうしても学級になじめず、孤立してしまう場合もあるかもしれません。そのような場合は、その児童生徒は、学校内外において、同じ国の出身だったり、同じ言語が通じたりする子供たちのいる集団に居場所を求め、なかなか日本の子供たちと一緒に活動できなくなる場合もでてきます。出身国の友達と多くコミュニケーションをとり、帰国に備えているケースなどもあり、こうした例が望ましくないとは、一概には言えません。たとえ、一時的に学級において居場所が見つからなかったとしても、学校全体で国際化への取組が行われている場合、学級を越えた活動の場で、他の学級の児童生徒との交流を図り、受容的な雰囲気を味わうことが出来たり、より積極的な活動を行うことができたりすれば、再び学級に居場所を見つけられる場合もあるからです。

> **＜事例3：ある子供（中国出身）のつぶやき＞**
> 　日本の学校に来た初めの頃は、「遊びに行こう」「友達になろう」とか、みんな誘いに来てくれたけど、その時は、言っていることが分からなかったの。そしたら、私は日本語が分からないんだと思われて、だんだん誘いに来なくなっちゃった。みんながもういやになったとき、私、日本語がだんだん分かってきたんだけど、ひとりぼっちになっちゃった。休み時間は、ひとりで家庭科室にいるの。

3　共生の教育と学級の国際化

（1）学級の国際化に向けて

　外国人児童生徒等を受け入れる学級担任として、特に意識すべきこととして、学級の国際化があります。こ

れは、外国人児童生徒等の受入れ学級としてのメリットを生かした学級経営の一つだと言えます。

既に述べたように、外国人児童生徒等の受入れの際に起こる課題に「言葉の問題」など、文化間を越える移動のため、必然的に発生する問題の他に、学級の雰囲気や人間関係などの環境によって起きてしまう課題があります。

ともすると、学級担任として、「自分は外国人児童生徒等も、日本の児童生徒とまったく同じように扱う」という形式的な平等主義で、必然的に起きる問題に対しても何の配慮もしないようなことも起こりえます。偶然にも、うまく適応できる場合もありますが、極めて危険なやり方だと言わざるをえません。

学級担任としては、日本語指導の体制を整備したり、日本語指導担当者と綿密な連携を図ったり、自身が言語習得に関する基礎的理解を図ったりすることも重要です。

(2) 学級担任に必要な姿勢

学級担任の姿勢は学級の雰囲気にも大きな影響を与えます。この姿勢は、無意識のうちに現れてしまう場合もありますので、担任が、自分自身の振り返りを行うことが重要です。

学級担任が、言葉や習慣の違う児童生徒を、どのような視点で見つめ、対応するかで、その児童生徒の持っている個性やそこから来る行動は、長所にも短所にもみえることがあります。

＜事例4：アイコンタクト＞

ある小学校では、南米から来た児童が転入してきました。その児童は、日本語が理解できないために、話をするとき、相手の目をしっかりと見つめて、表情やしぐさからも言っていることを読み取ろうと努めていました。この児童の様子について、多くの児童は「話している子を受け入れて、真剣に話を聞いてくれる」とプラスの見方をしていましたが、中には、「にらみ付けられているようでこわい」とマイナスに捉えてしまう児童もいました。

受け入れる側がどのような視点で相手を判断するかが、異文化理解の出発点であり、最も重要な点でもあります。上述のような例では、当然、学級担任としては、マイナスの見方をしてしまっている児童に対し、南米から来た児童の気持ちについて、「あの子は、言葉が分からなくてつらいんだね。それでもみんなと仲良くしたいから、一生懸命に話を聞いて真剣な顔をしていたんだね。」と、説明して誤解を解いてあげることが必要です。児童生徒のマイナスの見方をプラスに変える手助けを教員がタイミング良く行うことが大切なのです。

(3) 共生の視点からの学級づくり

受け入れる側の児童生徒の視点をプラスに変革するためには、児童生徒自身が自己を成長させること（自己概念の拡大）と他者を認める態度を育むこと（受容的な態度の育成）、また、それらによって、学級の雰囲気をお互いの個性を認め合うものに高めていくことが求められます。学級担任として、総合的な学習の時間などを中心に、多文化共生に関する単元を組むなど、共生を軸にした取組を計画的に進めることも必要です。

4 保護者への対応と進路指導

(1) 保護者への対応

当然のことですが、学級では、様々なトラブルが起こるものです。時には、児童生徒の保護者同士の話し合いが必要なケースもあります。特に、外国人の保護者と日本人の保護者とが対立関係になってしまうような場合には、学級担任として特別な配慮も必要になります。異文化間の問題への対応として、日本人保護者同士でのトラブルに対応する場合と異なる留意点もありますので、以下にポイントを示します。

①状況をしっかりと把握すること

　無意識のうちに日本の習慣や社会規範に沿って物事を判断することがあります。即座にどちらが正しいか、などと判断をしないで、その出来事の背景に、お互いの文化や習慣の違いによる誤解があるのかもしれない、と常に慎重に状況把握に努めましょう。外国人には、分かり易い日本語を意識的に使って話を聞き、トラブルの理由やその行動の動機などを確認したり、第三者の見解を聞いたりして、お互いが納得のいく話し合いを心がけましょう。

②コミュニケーションスタイルの違い

　自分の感情を言葉でストレートに表現するといったコミュニケーションの違いにも留意したいものです。コミュニケーションスタイルの特質の違いをしっかりと意識して、保護者への対応にあたることも大切です。
　外国人保護者の場合、日本語の力が十分でないために、本人が意識するよりも、よりストレートな表現に響いてしまうこともあります。このような場合、「失礼な言い方だ」と、感情的に反応してしまうのではなく、相手の本意を把握するように努めながら、コミュニケーションに努めましょう。しかし、伝えるべきことは、言いにくい内容であっても伝える、という態度も重要です。もちろん、外国人の保護者相手に限りませんが、相手のことを配慮したコミュニケーションも身に付けておきたいものです。

③双方に意味のある解決

　トラブルをめぐる話し合いで、どちらが勝った、負けたという解決を目指しがちですが、両者の願いや事の背景をしっかり把握してみると、どちらかが勝った、正しいという問題ではなく、粘り強く話し合えば両者が満足できる解決の方向があるものです。

(2) 進路指導

保護者との面談や進路相談に向けて、以下のようなことを確認しておきましょう。

①外国人児童生徒等の保護者に対しては、家庭では、子供と母語で多くの会話をすることを勧める。幼い時期に来日した子供は、母語を忘れる傾向があり、成長するにつれ、親とのコミュニケーションが難しくなる場合も多い。保護者に対し、言語習得に関する基本的な情報を与える。

②多くの保護者は、様々な生活場面で、子供が母語と日本語を使い分けて話している様子を見て、両方の言語力が十分育っている、と認識しがちである。しかし、そのような子供には、どちらの言語においても、学力を形成

していく言語レベルにまでは達していない場合がよく見られる。進学の時期を迎えた時になって初めて、保護者が子供の実態を認識し、驚くこともある。

③外国人児童生徒等にとって、現在、在籍している学級での学習で使われているレベルの日本語の力を身に付けることが重要であり、このことを保護者にもしっかりと伝えておくべきである。

④教育委員会、NPO・ボランティア団体、外国籍の卒業生などのあらゆるネットワークを使って、高校進学や就職など進路に関する情報を収集する。保護者にも、日本の進学や就職について十分に説明する。

⑤外国人児童生徒等の保護者が子供に期待する進路とその子供の希望する進路は異なることもある。保護者と本人が十分話し合い、両者にとって、より良い未来を築けるように、学級担任が的確な助言をする。

第5章 都道府県教育委員会の役割

1 施策の推進方針の策定

(1) 都道府県教育委員会における施策推進方針策定の必要性

　まず、都道府県教育委員会において、外国人児童生徒等に関する教育方針や施策を立案していくことが大切です。平成27年11月に文部科学省は、「学校における外国人児童生徒等に対する教育支援に関する有識者会議」を立ち上げ、平成28年6月にその結果を報告書(「学校における外国人児童生徒等に対する教育支援の充実方策について(報告)」)にまとめました。その報告書の中で、外国人児童生徒等に関する検討課題の解決のためには、国や地方公共団体等が役割を分担し、相互に連携・協力しながらその役割を適切に担っていくことが必要であり、中でも都道府県の果たすべき役割の一つとして「域内の外国人児童生徒等教育の基本的な方針を示す」ということが示されています。

(2) 多文化共生を目指す施策の基本的な考え方

　では、外国人児童生徒等に関する教育方針や施策を立案する上で、どのような考え方を基本にすべきでしょうか。

　第一には、すべての児童生徒に多文化共生の資質を育む視点です。これまでも多くの学校で外国人を学校に招いて、海外の音楽や踊り、料理を体験させるといった、国際理解の教育や取組が行われてきました。しかしこうした取組では、周りと違うところがあったり、目立つ行動をとったりすると、文化を固定的にとらえたかかわりによって、ステレオタイプ化され、それが差別や偏見の助長につながってしまうこともあります。そこで、「多文化共生」という視点が重要になります。それは、受け止める側がどこまで相手のことを理解し、その違いをどのように受け入れることができるのかというものです。すべての児童生徒が互いの「違い」を「違い」として認め合い、多様な価値観を受容しながら共に生きようとする意欲や態度を培う多文化共生の資質を育む視点が必要です。

　第二には、都道府県教育委員会が、多文化共生の教育を担う教師を育成していく視点や考え方を常に意識して施策を展開することです。それには、教職員自身の文化的多様性に寛容な態度を育むための仕組みや体制づくりをしたり、教師が研修を受けることによって意識を変えることができる機会を設けたりすることなどが考えられます。外国人児童生徒等教育に携わる県費負担教職員の配置や、市区町村が行う外国人児童生徒等の受入れ体制整備の取組に対する支援を積極的に進めようとする施策もよいでしょう。また、各都道府県教育委員会が策定する教員研修計画等に、外国人児童生徒等への対応について積極的に盛り込むことも重要です。

(3) 受入れに関する運営・連絡協議会の設置

　また、施策を展開していくために、都道府県においては、有識者等を交えて、運営・連絡協議会を設置し、協議を進めていく方法があります。そのメンバーとしては、外国人児童生徒等の受入れを促進する市区町村の担当者や、都道府県国際交流協会、ＮＰＯ等の代表などで構成するとよいでしょう。

　運営・連絡協議会を構成する市区町村は、できれば在籍する外国人児童生徒等の国籍や人数、地域の実情や支援体制が異なるところが集まると、市区町村の連絡調整や情報交換を効果的に行うことができるとともに、

円滑な受入れに向けた具体的な施策を示すそれぞれの取組を、モデルとして発信することができ、同じような状況にある市区町村の参考にすることができます。

　知事部局や、国際交流協会などでは、成人のための日本語教室を開催したり、海外との姉妹都市交流事業などに力点を置いたりする場合が多かったのですが、近年は、外国人児童生徒等教育に対する関心が高まり、教育委員会との連携を強めています。知事部局と教育委員会が、同じ場で協議していくことで、互いの施策を理解したり、行き届いていない部分を相互に補完したりすることで、都道府県域全体の施策がうまく機能し、共通理解も深まります。

　また、ＮＰＯ等は、生活相談・情報提供等で、行政が対応しきれていない部分に対応している場合もありますし、地域で放課後や休日の子供たちの日本語学習の受け皿になっているようなところもあります。その意味では、こうしたＮＰＯ等の団体との連携も図る必要もあります。

(4) 研究指定校（地域）の指定

　都道府県教育委員会として、外国人児童生徒等教育を柱にして研究指定校（地域）を指定する方法もあります。学校や地域全体で取り組む受入れ体制づくり、日本語と教科の統合学習（JSLカリキュラム）の授業研究、学習評価などの研究成果を都道府県域全体で共有し生かすとよいでしょう。

2　推進体制の整備

(1) 都道府県として考えるべき視点

　市区町村は、外国人児童生徒等教育に関し、小学校、中学校の設置者として外国人児童生徒を受け入れる学校の管理運営に携わるとともに、外国人児童生徒等の就学相談などの就学促進活動や、学校への支援員の配置などを行う役割があります。

　しかしながら、どの市区町村にも支援員ができるような人材がいるわけでもなく、様々な言語を母語とする児童生徒が、学校に急に入ってきた場合、支援体制が組めず、児童生徒も学校も困ってしまうケースも多々あります。そこで、都道府県が推進体制の整備を図る上で、考えるべき視点には、以下のようなことが必要であると考えられます。

①市区町村における受入れ体制の支援

　教育を受ける権利を保障する観点に立つならば、都道府県内のどの地域、どの学校に外国人児童生徒等が編入してきても、受け入れられる体制が整っていることが前提になります。ある市では受け入れられるのに、別の市では受け入れられないなどの差があってはいけません。市区町村で学校の中で行う日本語指導や、母語支援のできる人材などを確保できないことが、受入れのハードルとなっている場合、それを調整するのは、都道府県の役割と言えます。そのために国からの支援（補助金）等を活用するのもよいでしょう。

　また、受入れ体制が整っていない市区町村がある場合、都道府県は、それを改善するための助言をしていく必要があります。

　外国人児童生徒等に対する指導の在り方や、文化や習慣の違いに対する理解を深めるなどの研修会を開催し、教師や支援者等の理解や力量を一定に保つ役割も大切になります。

②関係機関とのネットワークの構築

　外国人児童生徒等を受け入れ、支援していくには、市区町村教育委員会や学校の力だけでは限界があります。都道府県内にある国際交流協会、NPO、大学、研究機関など外国人を雇用する企業との連携を強めることが大切です。先に述べた連絡協議会などの場だけではなく、様々な機関と日頃から関係を築いておくと、学校で急な支援が必要な場合に人材の紹介を依頼できたり、様々な情報を集めたりする際にも、協力を得やすくなります。

　関係を築く方法としては、例えば、都道府県レベルで開催する教師対象の研修会の講師として、国際交流協会などから人材を招いたり、市区町村などの依頼を受け、市区町村に人材を紹介したりするような機会があります。そういった際に、担当者同士が電話だけでなく、直接足を運んだりすることを積み重ねると、より連携が深まりやすくなります。また、国際交流協会などが主催で開催する研修会に、教育委員会や学校から講師を派遣するようにすれば、お互いにとってのプラスとなります。

　都道府県全体を見渡した時、近くに大学などがある地域や学校ばかりではありません。やはり、こういった関係機関とのネットワークを構築していくことは、都道府県教育委員会の大きな役割のひとつと考えられます。

③ネットワークを活かした多文化共生の考え方を広げる取組

　多文化共生の考え方を地域に広げることは、市区町村や学校、その他NPO等でも行われていることですが、より一層広げていくことは、都道府県教育委員会にとっての大切な役割です。都道府県教育委員会が独自に進める方法もありますが、1つの事業を他の関係団体と共催で行うような方法もあります。

　一例を示すと、外国人児童生徒等や保護者を対象とした就学ガイダンスを開催するような際、地域の日本語指導教室等を開設している団体なども含めた関係者会議を事前に開催し、広く周知を依頼したり、当日もスタッフとして運営協力する実践を行ったりしている地域もあります。外国人児童生徒等や保護者の抱える就学や進路にかかわる悩みの解決という同じ目標に向かって、行政・民間の枠を超えた取組をすることは、多文化共生社会を構築していく意識や課題の共有を図りながら事業を進めるということができ、効果的です。

　多文化共生の考え方を広げるには、教育委員会だけではなく、同じ考えを共有する人たちを増やし、連携していくことが大切です。

④情報を収集・発信する役割

　また、都道府県教育委員会が果たす役割に、広く情報を集め、発信する役割があります。

　国や他都道府県の取組や研修会、学校で役に立つ教材などについての情報を集め紹介したり、同じ都道府県内の外国人児童生徒等の集住地域で行われてきた実践を散在地域に発信したりすることなどの他に、都道府県自らが、「外国人児童生徒等の受入れ対応マニュアル」や「就学ガイドブック」などの作成を行い、市区町村にモデルとなる諸資料を発信するようなことも大切です。

　また、外国人の散在化が進む中で、地域に同じ国籍の住民のコミュニティもなく、外国人住民が孤立してしまう場合も見受けられます。そのため、外国人児童生徒等や保護者の中には、生活や教育に関する必要な情報が届きにくいこともあります。都道府県教育委員会は、出張教育相談や出前講座などを実施し、迅速・的確に必要な情報を提供することも求められています。

　さらに、外国人児童生徒等や保護者などを対象に、日本の学校制度や高等学校への進学情報、高等学校奨学

資金などの情報を提供するため、県内数カ所で「就学支援ガイダンス」を開催することも有効です。その中で、ロールモデルとして、外国籍の先輩（高校生や大学生、社会人）に自分の体験談や後輩である小・中学生へのメッセージを伝えてもらい、外国人児童生徒等に対して、将来への夢や希望を育む機会の一つとしましょう。

（2）推進体制の実際

上記のような視点や体制を、具体的に推進していくために、都道府県教育委員会がNPO等と協働して広域のネットワークを構築することが有効です。

例えば、進学ガイダンスの実施、コーディネーターの派遣、研修の共同実施など、地域の人的資源を活用して体制を整え、支援を充実させることができます。神奈川県では、以下のような取組を行っています。

①高校進学ガイダンスとネットワーク会議

神奈川県教育委員会とNPO法人多文化共生教育ネットワークかながわ（ME-net）が協働して、高校進学ガイダンスを2006年から実施しており、入学者選抜制度や学費のこと、さらには高校をどのように選択するかなどの内容を、翻訳した資料や通訳を介して説明を行っています。

高校進学ガイダンスで、高校や中学校の教師や地域の支援者とのつながりができ、外国人生徒の課題を共有し、協力体制を作ることを目的として、県教育委員会と支援団体とのネットワーク会議も始まりました。また、高校入学後の支援の必要性についても共有されるようになりました。

②多文化教育コーディネーター派遣事業

神奈川県教育委員会は、高校入学後の支援のために、多文化教育コーディネーター派遣事業を2007年に開始し2018年には22校が対象になっています。

―多文化教育コーディネーターの人材―

多文化教育コーディネーターには、ME-netの推薦により日本語教育の専門知識や地域での支援経験、人的ネットワークを持った人が充てられています。県教育委員会や学校との綿密な連携が図れるようになりました。

―多文化教育コーディネーターの活動―
- 生徒や学校の状況の把握
- 専門性を生かして望ましい支援方法を高校に提案
- 具体的な支援の決定
- 学校や地域の実情にあったサポーターや資源人材の適切な配置

このような活動を通して、地域全体の支援者も力をつけ、教師の力量も高まり学校生活だけでなく教科学習の支援へと視点が広がっています。

③多文化学習活動センター（CEMLA）

神奈川県教育委員会は、多文化共生の学習支援拠点として、県立相模原青陵高校が相模女子大学やME-net等と連携して運営しているCEMLA（Center for Multicultural Learning & Activities）の活動を支援しています。

CEMLAには、「CEMLAスクール」「CEMLA研究会」「CEMLAセミナー」という3つの主な事業があります。「CEMLAスクール」では、外国につながる児童・生徒に対する日本語を含む学習支援や情報提供を行っており、大学生や日本人の高校生もボランティアとして参加しており、多様な人々の交流の場にもしています。また、「CEMLA研究会」と「CEMLAセミナー」は教師相互の研修活動を行います。

参考URL：http://www.sagamiharaseiryo-h.pen-kanagawa.ed.jp/cemla/cemla.html

3 人材確保と育成について

(1) 人材確保について

　外国人児童生徒等を支援する支援者やボランティアなどを確保することは、母語の読み・書きなどの言語の問題もあり、各市町村教育委員会単位では困難な状況があります。そのため、都道府県教育委員会が、人材を確保・育成し、市町村教育委員会及び学校などの要請に応じて人材を派遣するなど、全県的なシステムづくりが必要です。

　学校などへの支援者を確保するために、まず一般的に考えられるのは、ハローワークなどに公募をかけて募集する方法です。一定の財源を都道府県で確保し、選考試験などを経て、支援者を日本語指導が必要な児童生徒の在籍する学校へ派遣するシステムをつくります。

　その際、様々な言語に対応できるよう、ハローワークだけでなく、留学生を受け入れている大学や、外国語学科のある大学、国際交流協会などにも照会をかける方法もあるでしょう。

　市町村教育委員会の中には、地域から、学校に協力しようという人をボランティアとして登録し、学校から照会があれば紹介するようなシステムを構築しているところがあります。これを都道府県レベルでも行って、通訳、翻訳、日本語指導、異文化紹介などができる支援者を確保する方法があります。

　都道府県教育委員会のホームページ上に掲載するだけでは、集まりにくいので、都道府県の国際交流協会などが開催する行事や研修会に集まる日本語指導者や、外国人支援に関心をもつ参加者に、場を借りて広報する方法があります。

　また、大学と連携し、大学生を相手に講義を行い、その講義の中で制度を紹介する方法もあります。

　さらに、ある市では、市の国際交流協会が開設する日本語教室で学んだ保護者を、学校の児童生徒を支援するサポーターとして登録し、活用していくシステムをつくっています。これなどは、人材育成を兼ねた人材確保の方法の一例と言えましょう。

(2) 人材育成について

　都道府県教育委員会の役割として研修計画の策定が重要です。特に教育公務員特例法の改正で、都道府県教育委員会では、教員等の資質の向上を図るための指標と研修計画を定めることになりました。また、都道府県教育委員会では、「公立の小学校等の校長及び教員としての資質の向上に関する指標の策定に関する指針」(平成29年度文部科学省告示第55号)に基づき、育成の指標や研修計画に「近年の学校を取り巻く状況の変化の視点」として「外国人児童生徒等への対応」を位置付けることも重要になりました。

　各都道府県教育委員会は、こうした指針に基づき、教員等育成指標や研修計画に外国人児童生徒等への対応について積極的に盛り込んでいくことが大切です。例えば、初任者研修、中堅教諭等資質向上研修の教職経験に応じた研修、職能に応じた研修や専門的な知識・技能に関する研修などに、外国人児童生徒等教育を位置付けることが考えられます。

　その際、日本語指導担当教師はもちろんのこと、管理職や在籍学級の担任などすべての教師を研修の対象とすることが必要です。外国人児童生徒等の受入れは、すべての教師が連携して学校全体で行っていく必要があるからです。また、教師の育成に加え、支援者やボランティア登録者の育成も都道府県教育委員会の役割に含まれます。

　それぞれに対する研修、研修対象に応じた具体的な留意点等は次のとおりです。

①教師

　すべての教師が連携して学校全体で外国人児童生徒等を受け入れるためには、まず、すべての教師が基本的な知識をもつことができる研修を位置付けることが必要です。例えば、多文化共生、外国人児童生徒等の背景理解、子供の言語習得、日本語の理解や表現を支援する方法などがあります。これらの基礎知識に加えて、日本語指導担当教師や在籍学級担任、管理職、それぞれの立場に応じた研修を企画・実施することが必要となります。

A：日本語指導担当教師を対象とした研修

　日本語指導担当教師といっても初任者からベテランまで様々です。経験の浅い教師には、コース設計や個別の指導計画の立て方から実践的な指導方法を学ぶ研修が効果的です。経験の長い教師には、言語習得やバイリンガル教育の理論、学習理論を知り、効果的な指導の在り方を批判的に検討できるようになることや、支援のネットワークを築きコーディネーターとしての力量を高めることも求められます。

B：在籍学級担任・教科担任を対象とした研修

　児童生徒が最も多くの時間を過ごす在籍学級は、学習はもちろんですが人間関係をつくったり社会性を育んだりするところでもあります。そのため、日本語指導が必要な児童生徒も分かりやすい授業づくりについての研修の他、多文化共生の視点からの学級経営、校内の連携、保護者とのコミュニケーションなどをテーマにした研修も重要です。その際、個別の指導計画の作成も研修内容に取り上げましょう。

C：管理職・指導主事を対象とした研修

　管理職には、外国人児童生徒等の受入れ・支援体制を整備するための研修が必要となります。そのために、管理職研修において、文部科学省の施策・指針、外国人児童生徒等の現状の理解や受入れ・支援体制や地域の支援者・関係機関との連携なども含めたカリキュラムマネジメントを研修内容とするのもよいでしょう。

　また、研修を企画する立場にある指導主事は、この外国人児童生徒等教育に精通していなくても、自身の役割を自覚して積極的に学ぶことが求められています。そのためには、モデルプログラムの事例や資料を参照したり、各地で開催されている研修会に参加したりするとよいでしょう。そして、研修参加者が新たな課題にチャレンジし教師としての力量を高められるよう、効果的な研修を企画することが重要です。

≪その他：研修の進め方≫

　研究指定校の教師を講師として、他市で行われる研修会に派遣したり、他団体の主催する研修会の講師として紹介したりするなど、核となる教師の活躍の場を広げていくと効果的です。外国人児童生徒等の受入れに不慣れな散在地域などにも派遣できれば、今後、外国人児童生徒等の急な編入に際しても、スムーズな受入れができる体制づくりに役立てることもできるでしょう。

②日本語指導の支援者

　日常的に学校に派遣しているような支援者を対象とした研修では、日本の学校に慣れていない児童生徒の心の安定を図る役割があることから、カウンセリング的な内容を学ぶことも必要でしょう。あるいは、学習言語の習得をいかに図るかなどについて協議することも必要です。言語ごとや、支援している学校・児童生徒の学年別に分科会を開き、支援者としての取組を交流し、良い実践に学ぶようにすると、一層協議が深まり、効果的です。

また、外国人児童生徒等への支援が、支援者任せにならないように、学校の管理職や教師が研修に参加することも大切な視点です。そこで、学校全体の取組として、支援者と効果的に連携して支援を行っているような先進的な取組を紹介する機会を設けましょう。

　そして、何度か研修会を重ねていくと、支援者同士も自然と顔なじみになってきますので、支援者同士が集まって、勉強会などを開催したり、情報を交換したりするようになります。自主的に様々な研修会に参加する支援者も出てくるようになると、より専門性も高くなっていきます。

　そのためには、都道府県教育委員会が、支援者に対して、いろいろな研修会についての情報を伝えたり、集まる機会を増やしたりすることが大切です。

③ボランティア

　人材バンクなどにいったん登録されたボランティアも、実際に活躍の場がなければ、育成どころか、せっかくの人材が埋もれてしまう結果にもなりかねません。実際の学校などでの経験をたくさん積んでいただくことが、ボランティアの育成につながると考えられます。そこで、都道府県教育委員会の役割としては、ボランティアの活用について、市町村教育委員会や学校などに周知徹底を図り、その効果的な活用事例なども紹介していくとよいでしょう。

　また、NPO等にボランティアの紹介を依頼するようなケースも多々見られます。しかし、NPO等は、その他のところからも、様々な場面で活動の要請があり、大きな負担がかかっていますから、その活動が長続きするよう依頼する側も配慮しなければなりません。要は、特定の人に依頼が偏らないような配慮が必要なのです。そのためには、ボランティア紹介を取りまとめる担当者が、ボランティア一人一人の顔や特徴が見えるようにし、つながりを深めておくことが大切になります。

　登録されているボランティアの人数が、多くなればなるほど、登録の時にしか話していないような方や、過去の年度に登録され、活用されない方が多くいるような状況が生まれます。ボランティアの育成を考える前提として、担当者が登録者をきめ細かく掌握しておく必要があります。

　これらの人材を育成するための研修を企画するにあたっては、モデルプログラムを活用するとよいでしょう。

　モデルプログラムは、次のように利用できます。

- ・研修で養成したい資質・能力（目的）にあわせて、内容が選択できる。
- ・現場の課題や受講者の経験、研修の実施条件等に応じて、研修の形態に工夫ができる。
- ・研修事例や、研修で利用できる資料の情報が提供されている。

　このモデルプログラムを利用し、各地域・学校の状況・課題の違いに応じた効果的な研修を企画・実施するとともに、研修参加者同士が情報交流をし、相互に学びあえるネットワークを作りましょう。

　（参考：「外国人児童生徒等教育を担う教員の養成・研修モデルプログラム開発事業」

　https://casta-net.mext.go.jp/）

第6章 市町村教育委員会の役割

1 教育委員会が直接行う支援・指導

(1)「教育方針」等への外国人児童生徒等教育の明確な位置付け

　市町村教育委員会は、それぞれの市町村ごとに、目標や重点事項などを明記した「教育方針」や「教育ビジョン」等を策定しています。また、地方教育行政の組織及び運営に関する法律の改正により、平成27年度から、地方公共団体の長は、教育に関する「大綱」を策定することとなりました。これらの「教育方針」等に外国人児童生徒等教育を確実に位置付けましょう。そのことで、「外国人児童生徒等教育も、環境教育や情報教育などと同じように学校教育の一環として取り組むべきことである」という教育委員会等としての明確な姿勢を、各学校や地域に示すことが大切です。なお、位置付け方については地域の実情に応じていくつかの方法が考えられます。例えば、国際理解教育や国際教育の一つとして位置付けたり、外国人児童生徒等教育を単独で位置付けたりする方法があり得ます。さらに、日本人児童生徒への教育も含めて「多文化共生教育」等として位置付けることも考えられます。

　どのような方法にしても、「外国人児童生徒等教育は重要だ」と呼びかけたり、「外国人児童生徒等教育を充実させよう」とスローガンを掲げたりするだけではなく、教育委員会等の方針として明確に位置付けることを大切にしましょう。

(2) 研究推進校(地域)の指定

　市町村教育委員会として、外国人児童生徒等教育を柱にして研究指定校(地域)を指定する方法があります。学校や地域全体で取り組む受入れ体制づくり、日本語と教科の統合学習(JSLカリキュラム)の授業研究、学習評価などの研究成果を、市町村域全体で共有し生かすとよいでしょう。

(3) 小学校新入学相当年齢の外国人の子供への対応

　教育委員会は、すべての外国人児童生徒の学ぶ権利を保障するために、小学校新入学相当年齢の外国人児童をもつ保護者全員に就学案内を行う必要があります。そして、公立の小・中学校へ就学させる希望がある場合は、就学手続きを行うよう確実に促して未就学の子供がなくなるよう努力する必要があります。

　外国人の保護者に、子供が翌年小学校新入学相当年齢になることを知らせ、就学させることの必要性と重要性を理解させるためには、就学案内を複数回行うことが望ましいと言えます。右図に、働きかけ方の例を時系列で記します。

　なお、幼稚園・認定こども園等の就学前施設に通う外国人の

時　期	実施する内容
9月頃	住民基本台帳担当部局等と教育委員会とで就学に関する情報を共有 就学時の健康診断にかかわる文書を、いろいろな言語に配慮して郵送
10月頃	居住実態がなかったり公立学校に入学しなかったりする子供の把握 就学ガイダンスの実施
11月頃	就学案内の通知文書を郵送
12月頃	入学期日等の通知文書郵送
2月頃	必要な家庭に就学案内の通知文書を郵送
3月	子供が就学時の健康診断を受診しても就学願いが未提出の保護者に対し、就学願いの提出状況を把握

子供については、その保護者に対し効果的な就学案内を実施する観点から、教育委員会は、私立幼稚園や認定こども園等の所管部局や就学前施設の設置者・担当教師等と連携を図った上で対応を行うことも効果的です。

> **補足 1　中学校入学の働きかけ**
>
> 　中学校新入学相当年齢の外国人の子供に対しても、基本的には上記と同様の対応をとることになる。ただし、対象となる外国人の子供は既に公立小学校に在籍していることが多いため、小学校の場合ほど何度も働きかけを行う必要はない。

> **補足 2　就園機会の確保**
>
> 　幼稚園・認定こども園等の就学前施設への就園は、教師や友達と関わりながら生活に必要な日本語を自然に身に付ける等、その後の義務教育諸学校への円滑な就学に資することを踏まえ、各自治体や各施設等をとりまく状況を踏まえつつ、必要に応じて、外国人の子供の就園機会の確保にも配慮することが望ましいと言える。例えば、①就学前施設に関して相談可能な一元的な行政窓口の設定、②就園に必要な手続きや園児募集の状況等の外国語によるホームページ掲載等を通して、就園に関する情報へのアクセスの向上を図ることが考えられる。

注：文部科学省総合教育政策局長と初等中等教育局長が各都道府県教育委員会教育長等に発出した「外国人の子供の就学の促進及び就学状況の把握等について（通知）」平成31年3月15日付30文科582号

(4) 外国人の子供が編入する場合の対応

　当該の市町村への住民票の転入・転居届（住民基本台帳法）及び居住地の届出（出入国管理及び難民認定法）（以下「住民票の転入届等」という。）から、指定学校への編入までの流れはおおむね以下のようになります。

図6：外国人の子供の編入の流れ　　①首長部局　担当課　　②教育委員会　担当課　　③学校

　上記①から③までが、常に円滑に行われるような状態にすることが大切です。そこで、①～③のそれぞれですべきことを以下に記します。

① 首長部局担当課（「市民課」、「窓口サービス課」等）
  A) 住民票の転入届等にかかわる事務手続きを行う。
  B) 学齢期の子供がいた場合は、公立学校への編入希望の有無を保護者に確認する。
　　希望がある場合は、それぞれの自治体の編入の手続きにそって対応するとともに、次の点に留意してください。
　　・教育委員会が別の庁舎にあるなど場所が分かりにくい場合は、庁舎への経路図を手渡す。
　　・首長部局担当課から教育委員会担当課へ移動する際、保護者が日本語でコミュニケーションを図れない場合は、首長部局担当課の通訳者も同行する。（教育委員会担当課に通訳者が在籍していれば必要はない）

> **補足 3　首長部局担当課の役割**
>
> ・首長部局担当課において上記(A)だけではなく(B)も確実に実施されるよう、該当課に依頼しておくことが必要である。
> ・「住民票の転入届等が済み次第、引き続き」がポイントである。この日を逃してしまうと、外国人保護者は、仕事の関係上教育委員会に来ることが困難になる場合が多い。「後日でもよいので」ではなく、「この後すぐに」が大切である。
> ・通訳者の同行も業務の一つとして明確に位置付けるよう、首長部局担当課に依頼しておく必要がある。「できれば同行する」程度の位置付けでは、業務多忙を理由に同行が不可になることも生じ得る。

②教育委員会担当課
   A）公立の学校へ編入する意志を改めて確認する。
   ・就学手続きを進める前に、本人及び保護者に対して、公立の小・中学校に通うことにかかわる意志を確かにもっているかについて再度確認する。

> **補足 4 教育委員会担当課における本人及び保護者に対する意志の確認**
>
> 意志の確認については、主に以下の2点から行うとよい。
> ①学習に関すること
>   保護者には「仕事が大変な毎日が始まると思いますが、時間を見つけてお子さんの宿題を見てあげたり、励ましたりしてあげることがとても大切です。できますか？」などと聞くとよい。未知の世界に飛び込もうとしている本人や保護者の不安な気持ちを共感的に理解するとともに、自覚や覚悟を促す姿勢も大切である。大切で効果的な指導の場であることを自覚して応対に臨みたい。
> ②費用に関すること
>   「日本の学校は全くお金がかからない。」という誤解をもって就学させようとする保護者が時々見受けられる。そこで、小・中学校別に必要となる大まかな費用を一覧にして提示し、公立学校であってもある程度の費用は必要となることを理解していただくとよい。また、経済的理由により就学が困難な場合は、（準）要保護者として保護を受けることができる制度を伝え、希望に応じて手続きを進める。

B）在留カード等で居住地等の確認をする。
・在留カード、特別永住者証明書又は住民票（以下「在留カード等」という。）により、登録されている氏名（綴り）、生年月日、在留期限等を確認する。その際、学齢簿に準ずる書類を作成しておくと学籍を管理しやすくなる。
・外国人登録証明書等により、在留期限、登録されている氏名（綴り）、生年月日、現住所、前住所等を確認する。その際、学齢簿に準ずる書類を作成しておくと学籍を管理しやすくなる。

C）編入学にかかわる必要書類（「就学願」、「編入学願」等）を受理する。
・保護者に、現住所、児童（生徒）氏名、保護者氏名等を記入してもらう。
・教育委員会側は、指定学校、学年、編入学日を決定して記入する。

> **補足 5 編入学における注意事項①**
>
> ・児童生徒の氏名は、在留カード等に記載されているとおり書かれていることを確認することが望ましい。例えば日系ブラジル人の場合、日本人の「氏」や「名」に相当する部分の順序が曖昧になっていることもあるため、丁寧な確認が必要である。
> ・児童生徒の氏名については、保護者からの申し出があれば正式な氏名とは別に学校で使用する氏名（通称名）を決めておく。教育委員会の窓口で決めておくことで、児童（生徒）の学齢簿に準ずる書類にすぐに記入しておくことができる。
> ・学校は現住所により決定される場合が多い。ただし、文部科学省の通知（注1）に基づき、日本語指導体制が整備されている学校への通学を認めるなど、就学校の指定については柔軟に対応することが望ましい。
> ・編入する学年については、一般に年齢により決定されるのが基本である。ただし、文部科学省の通知（注2）に基づき、該当の子供の学力や日本語の力等を適宜判断し、下学年への編入を認めるなどの柔軟な対応をすることが望ましい。
> ・平成28年に成立した「義務教育の段階における普通教育に相当する教育の機会の確保等に関する法律」（注3）においても、基本理念として「その年齢又は国籍その他の置かれている事情にかかわりなく、その能力に応じた教育を受ける機会が確保されるようにする」とされたように、就学に課題を抱える外国人児童生徒等に対して様々な配慮を行うことが重要である。
>
>   注1：文部科学省初等中等教育局長が各都道府県教育委員会教育長等に発出した「外国人児童生徒教育の充実について（通知）」（平成18年6月22日付18文科初第368号）
>   注2：文部科学省初等中等教育局長が各都道府県教育委員会教育長等に発出した「定住外国人の子どもに対する緊急支援について（通知）」（平成21年3月27日付20文科初第8083号）
>   注3：文部科学省初等中等教育局長が各都道府県教育委員会教育長等に発出した「義務教育の段階における普通教育に相当する教育の機会の確保等に関する法律の公布について（通知）」（平成28年12月22日付28文科初第1271号）

D）編入に際して必要な説明や指導等を行う。

　外国人児童生徒が学校に適応できないケースの一つに、編入直後の混乱、つまりスタートでのつまずきが挙げられます。これは、日本の学校についての知識が少なかったり誤った認識をしていたりすることが主たる原因となっている場合が多いようです。それぞれの学校では、学校生活や学習のことなどについて本人や保護者に一通り説明を行っていますが、断続的な編入にその都度対応することが困難であったり、通訳者がいないことで意思疎通が図られなかったりして、その説明が不十分になる場合もあります。

　このような状況を考慮し、各学校で行われることが多い編入に際する説明や指導等を教育委員会が一括して行うことも考えられます。この説明や指導の内容としては、主に以下のものが挙げられます。

- 日本の公立小・中学校の制度や仕組みの説明及び指導
- 当該市町村の公立小・中学校の1年間及び1日の主な流れの説明及び指導
- PTAという組織が存在していることと保護者に期待されていることの説明及び指導
- 児童生徒のプロフィールや家庭環境等を記載した個票の作成（参照：第2章1.（2）・第4章2.（2）①）
- 給食費等の振込依頼書への記入などの事務手続き

補足6　編入学における注意事項②

- 上記の説明及び指導の際に用いる資料を作成する際は、文部科学省作成の「就学ガイドブック」（参考：http://www.mext.go.jp/a_menu/shotou/clarinet/003.htm）を参考にするとよい。
- 児童生徒の個票については、外国人児童生徒用等の様式を準備しておき、例えば、将来の生活設計（永住予定か帰国予定か）など、編入後の指導に参考になると思われることを記入する。
- 上記の説明及び指導は、教育委員会担当課の窓口で行うことを想定しているが、もし可能であれば、時間と場所を改め、専属の担当者のもと別途実施することもできる。
例えば、「編入説明会」と称した会を毎週決まった曜日に開催し、同説明会に参加後、指定校へ編入するというシステムを構築している教育委員会もある。

〈事例1：H市外国人の子供の不就学ゼロ作戦事業〉

H市モデル

①転入時等の就学案内

②就学状況の継続的な把握
- 新小学校1年生を対象とした調査（年度初め1回）
- 転入者を対象とした調査（2ヶ月毎）
- 公立小中学校、外国人学校等の退学者を対象とした調査（2ヶ月毎）
※学齢期の外国人の子供を対象とした学齢簿に準ずる名簿の整備
（住民基本台帳システムと連動した学齢システムの活用）

③就学に向けてのきめ細かな支援

④就学後の定着支援

↑
関係機関と連携しオールH市体制で
外国人の子供の不就学を生まない「H市モデル」を推進

（5）市町村としての受入れ体制づくり

　各市町村の状況に応じた受入れ体制として、「拠点校を設置する」「日本語指導担当教師による巡回指導を行う」「各学校で取り組む」などの方法があります。

A：市町村の一定域内で、初期日本語・適応指導教室や日本語と教科の統合学習などの取り出し指導を行うための「拠点校」を設置し、域内の日本語指導が必要な児童生徒が通級等を行うケース。

B：市町村の一定域内で、外国人児童生徒等担当教員を配置する「拠点校」を設置し、担当教員が拠点校以外の学校への巡回指導を行うケース。

C：外国人児童生徒等担当教員を学校に配置し、担当教員が配置校で日本語指導・教科指導等を行うケース。

　これらの仕組みは、日本語指導が必要な児童生徒の成長によって柔軟に活用するという視点も必要です。例えば、来日直後で日本語指導のみならず日本の学校生活への適応が必要な児童生徒には、拠点校の初期指導教室で指導を受けた後、在籍校において巡回による指導を受けるよう移行することなどが考えられます。また、就学前の子供や保護者のためのプレスクールを設置して学校生活への適応や学習支援を充実させたり、教師のためのリソースルームを設置して教材研究や研修を支えたりすることなども、市町村の受入れ体制づくりとして進められるとよいでしょう。

　実際に、少数在籍校に編入した児童生徒にも支援が行き届くように、複合的な仕組みを整えるとともにコーディネーターを配置することで成果を上げている教育委員会もあります。K市では「日本語指導トータルサポートシステム」として、以下に示すような取組をしています。

K市の取組　【拠点校等（トータルサポート校・サブサポート校）を設置する】

トータルサポート校とサブサポート校を拠点とし、コーディネーターが国際交流協会や大学等とも連携して、少数在籍校に編入した児童生徒に支援が行き届くよう調整をする。

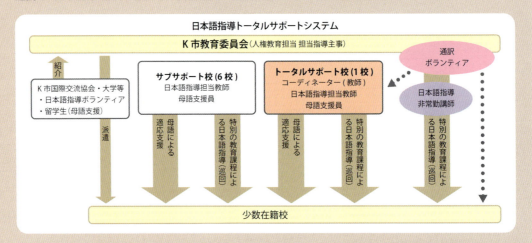

○トータルサポート校

　日本語指導コーディネーター，日本語指導担当教師（複数名）・支援者を配置し，担当地域内に日本語指導が必要な児童生徒の編入があった場合，コーディネーターと母語ができる支援者又はボランティアが在籍校に出向き，面談や日本語能力を測るアセスメント等を実施。→コーディネーターが日本語指導担当教師や支援者等の派遣調整等を行う。

○サブサポート校

　日本語指導担当教師や支援者を配置し，トータルサポート校の担当地域以外の地域に日本語指導が必要な児童生徒の編入があった場合，教育委員会の担当指導主事がコーディネーターとして，編入があった学校に出向き，面談やアセスメントを実施。→サブサポート校からの日本語指導担当教師や支援者等の派遣調整を行う。

次に、「初期指導教室」を開設する場合の留意点について触れておきます。これらを開設するときに備えておきたいことは以下の通りです。

- ・指導目標　・指導内容　・指導者　・修了の目安（判断基準と判断方法）
- ・設置場所　・指導時間　・指導者の勤務条件　・教材や備品
- ・通級のための交通手段　・在籍校との情報共有　など

これらの条件が整うよう、教育委員会として予算確保に努めることになります。

なお、指導内容については、在籍校の管理職や学級担任、教科担任等とともに十分検討することが必要です。初期指導教室における指導内容については、第3章の日本語指導の「サバイバル日本語」「日本語基礎」を参照してください。ただ、「初期指導教室」は、日本語だけでなく、生活適応指導も大切です。持ち物や服装にかかわる指導、朝の会・休み時間・給食・帰りの会などにかかわる指導、給食当番や食事の仕方にかかわる指導に加え、防災・安全にかかわる指導なども行うとよいでしょう。

全国でいくつもの自治体が初期指導教室の実践を行っているので、運営の仕方等について参考にするとよいでしょう。T市では、初期支援校を設置して次のような取組を行っています。

> **T市の取組**　【日本語指導が必要な中学生のための初期支援校】
> 　対　象　生　徒：日本の学校に初めて編入する日本語がわからない生徒
> 　指　　　　　導：中学校教諭の免許状を持つ教員が、「特別の教育課程」による指導を行う。
> 　通級申込の手順：①保護者が教育委員会で編入手続きをする。（在籍校の決定）
> 　　　　　　　　　②外国人児童生徒相談コーナーで初期指導について説明を受ける。
> 　　　　　　　　　③初期支援校へ通級することを希望した場合、初期支援校でのガイダンスに参加し、「通級申込書」に記入する。
> 　　　　　　　　　④初期支援校の担当者と在籍校の間で、生徒の日本語理解の状況や通級手段等の情報を共有する。（「通級申込書」を在籍校に提出）
> 　　　　　　　　　⑤初期支援校への通級が本人に望ましいと学校長が判断した場合、「初期支援校への通級について（依頼）」を教育委員会に提出する。
> 　初期支援校への通学方法：保護者の送迎、許可を得た自転車で通学、公共交通機関を利用
> 　学　習　期　間：入級後8週間（8週目の木曜日に修了式を行う。）
> 　指　　導　　日：毎週月〜木曜日（金曜日は在籍校に登校）
> 　指　導　時　間：1日5単位時間×週4回×8週間＝合計160単位時間程度
> 　学　習　内　容：（指導前半）・日本の学校生活のガイダンス
> 　　　　　　　　　　　　　　　・日常会話やひらがな、カタカナなどの文字の読み書き
> 　　　　　　　　　　　　　　　・プレイスメントテストを行い、つまずいている個所を明確にし、基礎的な計算や英語の基礎の学習をする。
> 　　　　　　　　　（指導後半）・まとまった長さの文章を読んだり書いたりする。
> 　　　　　　　　　　　　　　　・中学校レベルの数字や英語の学習を進める。
> 　　　　　　　　　　　　　　　　（数学や英語は教科書を使った指導も行う。）
> 　　　　　　　　　　　　　　　・母国では未習の技能教科に関わる指導も行う。

（6）学校における受入れ体制の整備にかかわる支援（＝市町村としての受入れ体制の整備）

　国や都道府県からの支援（補助金）等の活用も考慮して、人的支援・物的支援を進めるとよいでしょう。

①人的支援

A）日本語指導担当教師を配置する

　日本語指導の体制を整えるためにまず行いたいことは、日本語指導が必要な外国人児童生徒等が在籍している学校に日本語指導担当教師を配置することです。担当教師の配置については、都道府県教育委員会がその権限を有しているため、市町村教育委員会としては、外国人児童生徒等教育を担当する教師の安定的な確保を図るための義務標準法等の改正（平成29年）もふまえ、担当教師の必要性を確実に都道府県教育委員会に伝える努力が求められます。

B）日本語指導の支援者を配置する

　大まかな流れとしては、【募集をするための広報活動を行う】→【応募者を選考し採用者を決定する】→【配置計画を立てる】の3つのステップを経て、実際に配置する段階に至ります。以下、これら3つのステップについて説明します。

【募集をするための広報活動を行う】

　最初のステップであり、最も重要なステップでもあります。できる限り多くの応募があるように働きかけをしていきましょう。

> **補足 ❼ 「募集」における注意事項**
> - 募集要項や募集にかかわるリーフレットを作成し、それらをできる限り多くの人の目に触れる状況をつくらなくてはならない、例えば、
>   ○市町村の広報誌に掲載する
>   ○役所のいくつかの窓口に置いていただく
>   ○外国人が集まる店などに置かせていただく
>   ○地元のケーブルテレビで紹介していただく
>   などが考えられる。
> - 現在通訳者として勤務されている方や、国際交流協会などでの勤務年数が長く幅広い人脈をもっておられる方などから日本語指導の支援者を紹介していただくことがある。このように紹介された方は、その後長く勤めていただけるような貴重な人材である場合も多い。

【応募者を選考し採用者を決定する】

　選考するための基準を教育委員会として定めておく必要があります。また、業務内容、資格要件、勤務の条件、欠格要件等を定めた要項も作成しておきましょう。

> **補足 ❽ 応募者選考時の注意事項**
> 　要項の内容を丁寧に説明し確実な理解を促さなくてはならない。必要であれば、要項の内容をさらに具体化した資料も準備しておく。そして、自分に与えられている業務内容は何か、期待されている役割は何か、禁じられていることは何かなどについての理解を促したい。

【配置計画を立てる】

　採用が決定した一人一人の日本語指導の支援者の勤務可能な時間とそれぞれの学校で必要としている支援の時間を考慮の上、きめ細かな計画を立てるようにしましょう。

　　C）研修を実施する

　日本語指導に従事することになった教師や、日本語指導の支援者は、実務経験が不足している場合が少なくありません。教育委員会としては、言わば初任者研修を実施することと同じくらいの重みをもって本研修を実施するべきだと言えます。

　以下に、同研修にかかわるA市の取組について紹介します。A市の研修の特徴は、集合研修と個別研修の二種類の研修を実施していることです。特に個別研修については、それぞれの担当者の指導上の課題点について個別に指導・助言することができ、有意義な研修と言えるでしょう。

> **＜事例2：A市教育委員会の研修についての概要＞**
>
> 1. 趣旨
>   本市における教育課題の一つである多文化共生教育を推進するにあたり、日本語教室における日本語指導、教科指導等の充実は、基盤となる重要な要素である。そこで、日本語教室担当者の指導力向上、及び各日本語教室における指導の均一化を図るために、日本語教室担当者研修会を実施することとする。
> 2. 目的
>   集合研修と個別研修の二種類の研修を実施することで、各日本語教室担当者が、自校の実態に応じた効果的な日本語指導及び教科指導ができるようにする。
> 3. 研修の具体的内容
>   (1) 集合研修
>   ①目的　日本語教室の運営等について理解するとともに、指導経過の交流を通して日本語指導等の在り方について学び合う。
>   (2) 個別研修
>   ①目的　研究授業及び授業研究を通して、自校の実態に応じた取り出し指導による日本語指導等の在り方について、指導・支援の具体的な方法や教材の活用方法等について理解を深め、指導力の向上を図る。
>   ②会場　関係小中学校　日本語教室
>   ③指導者　学校教育課　担当指導主事

　日本語指導担当教師及び日本語指導の支援者等に研修する一方で、担当者以外の教師に対する研修の充実を図ることも重要です。そのことにより、担当者任せではなく、教職員全員で外国人児童生徒等教育に取り組もうとする意識をもち、具体的な指導の仕方について理解を深めることができるようにしたいものです。また、管理職を対象とした研修会を実施することも極めて重要であり、学校における受入れ体制の整備を図る上で要とも言えます。

　たとえば、研修会で日本人との行動様式の違いについて研修することが考えられます。

　モデルプログラムを参照して、研修を企画するとよいでしょう。

> **＜事例3：文化の違いによる行動様式の違いとその文化的背景の例＞**
>
> 研修会は、具体的で実践的な内容になるよう努めたい。例えば、文化の違いを研修内容として取り上げる際は、以下のような具体例を示すと受講者の理解を促すことができる。
>
> | 項　目 | 日　本 | ブラジル |
> |---|---|---|
> | 学校で過ごす時間 | 全日(8:15頃～16:00頃) | 半日(7:00頃～12:30頃) |
> | 給食 | 有り | 無いことが多い |
> | おやつの時間 | 無し | 有り(お菓子等) |
> | 遊び用具等の持参 | おもちゃ等の持参は不可 | おもちゃ等の持参は可 |
> | 服装等 | ピアス、染め毛禁止 | ピアス等自由 |
> | 飲料水の持参 | 禁止 | ジュースもよい |
> | 掃除当番 | 有り | 無し(清掃員が行う) |
> | 家庭訪問 | 有り | 無し |
> | 欠席 | 欠席の場合は学校へ連絡 | 連絡なしで欠席しても問題ない場合もある |
> | 個別懇談 | 有り | 無し |
> | カバン | ランドセル, リュック | キャスター付きバック |
> | 夏休み | 約40日間(宿題有り) | 約3か月間(宿題無し) |
> | 冬休み | 約2週間(宿題有り) | 約1か月間(宿題無し) |

②物的支援

A）施設、設備を整備する

日本語教室を開設するにあたり必要な施設、設備の整備を計画的に推進しましょう。

B）教材を整備する

教材については、文部科学省の情報検索サイト「かすたねっと」を有効に活用することや、市独自の教材を作成して該当校で使用する方法、市販の教材を購入し該当の学校に配布する方法などが考えられます。

C）翻訳文書を整備する

翻訳文書は、教育委員会のホームページに掲載し、必要なときに学校がダウンロードして使用できるように環境を整備しましょう。以下に、翻訳が必要な主な文書を掲載します。なお、これらの翻訳文書は、いろいろな市町村教育委員会や都道府県教育委員会が作成しています。「かすたねっと」を参照してください。

補足9　翻訳が必要な主な文書

分類	内容	分類	内容
学校行事関係	運動会、持久走、水泳の授業開始のお知らせ	保健関係	マラソン大会前のお願い
	授業参観とＰＴＡ総会について、授業参観と懇談会について		学校伝染病の診断書及び証明書2,3種
	個人懇談について		結核健康診断書問診調査票2種類
	修学旅行のための緊急連絡先、修学旅行のための保健調査票		健康診断結果のお知らせ（眼科, 歯科, 内科, 皮膚科, 視力検査）
	入学説明会のお知らせ		災害共済手続きについて（振込先）
日常生活関係	学用品について		就学時健康診断通知及び健康診断票
	家庭訪問予定調査票、家庭訪問のお知らせ		就学時健康診断未受診の人へのすすめ
	児童調査票、生徒指導票		心電図調査票、心電図調査補足調査のお願い
	欠席遅刻届		水泳指導前のお願い
	長期休暇を迎えるにあたって		尿検査のお知らせ（保護者宛）
	暴風警報時の登校について		予防接種のお知らせ（市民病院用）
学習関係	音読カード		各種証明書（在学証明書,卒業証明書,修了証明書,成績証明書）
		その他	退学願

D）指導計画を作成する

各学校における日本語教室での指導計画については、「特別の教育課程」を編成・実施する場合はもちろんですが、それ以外の日本語指導においても、自校の児童生徒の実態に応じてそれぞれの学校が作成するべきものです。しかし、各学校の担当者に日本語指導の経験がなかったり、校内で相談できる相手がいなかったりなどの事情がある場合（このような事情がある場合が圧倒的に多いと思われます。）、教育委員会がリーダーシップを発揮して指導計画を作成することで、どの学校においても日本語指導が円滑に行われるようにしなければなりません。なお、初期指導教室を開設している場合は、初期指導教室と各学校における日本語教室との円滑な接続を図ることも視野に入れた指導計画の作成が必要です。日本語指導の指導計画については、第3章を参照してください。

(7) 進路説明会の開催

進路指導の一環として進路説明会を開催する学校は多くありますが、この進路説明会を、外国人生徒等に対して別途開催する学校があります。また、学校ではなく市町村教育委員会が行う場合もあります。このような場合、教育委員会単独で行う場合と、校長会とタイアップして行う場合があります。それぞれ地域の実情に応

じた開催の形がありますが、大切なことは、子供たちが進路について知る機会を学校や教育委員会が確保することです。

なお、進路説明会の内容としては、先輩やその保護者の話を聞く機会を設けたり、高校進学にかかわる情報を提供したりするなどが考えられます。高校進学にかかわる情報としては、公立高等学校入学試験時の外国人生徒等への特別な配慮の内容や、高等学校での必要な諸経費（公立、私立別）、奨学金制度などがあります。

> **補足10　進路説明会について**
> - 進路説明会は通常、中学2年生又は3年生を対象に行われることが多い。しかし、進路に対する見通しや夢をもたせたり、学習に対する動機付けや意欲付けを図ったりするために、中学校1年生や小学校6年生を対象に開催するという方法も考えられる。
> - 進路説明会は、できる限り外国人保護者の出席も求める。保護者の意識も高める必要があるからである。そのため、開催日は休日になる場合が多い。

(8) 学校における多文化共生社会の実現を目指す取組の推進

外国人児童生徒等の受入れに不慣れな学校の教師からは、「日本語が分からず授業でどのように指導すればよいのか分からない」、「無断で遅刻や欠席をしたり、校則に反した持ち物を持ってきたりするなど、日本の学校生活のルールに沿わない行動が頻繁にみられる」などの声が聞かれ、外国人児童生徒等への指導に大変苦労している例が見られます。

一方、受入れ経験が豊富な学校では、外国人児童生徒等のみならず、受け入れる側の児童生徒への指導を大切にしている例が多く見られます。そのような学校では、外国人児童生徒等は学校に適応し、日本人児童生徒と外国人児童生徒等が自然にかかわり合いながら共に学校生活を過ごしている姿があります。

このような事例から、外国人児童生徒等教育の推進は、外国人児童生徒等だけを対象に行えばよいのではないことが分かります。日本人児童生徒に対してどのような指導・支援を行うのかが大変重要です。日本人児童生徒の見方・考え方が豊かになっていくことは、外国人児童生徒等の学校への適応を確実に促進しますし、国際社会を生きていくために必要な資質や能力を身に付けることにもつながり、極めて有意義であると言えます。

平成29年3月に公示された小・中学校の新学習指導要領では、一人一人の児童生徒が自分のよさや可能性を認識するとともに、あらゆる他者を価値ある存在として尊重し、多様な人々と協働しながら、持続可能な社会の創り手となることができるようにすることを明記しています。

これらを踏まえ地域の実情に応じて、学校と教育委員会とが一緒になって共生社会の実現に向けた取組を推進してください。

2　連絡協議会等を通じて行う支援・指導

連絡協議会等は、様々な知見・経験をもった方々で組織することが望ましいでしょう。例えば、市町村の担当部局の代表者、外国人市民（町民、村民）・外国人保護者の代表者、幼・小・中・高等学校の代表者、地域のNPOや外国人就労者に関係するハローワーク・企業の代表者などです。どのような組織構成にするにしても、大切なことは実効性のある協議会にすることです。意見交換だけをする協議会では、次第に会の存在意義が薄れ、会の存続自体が危ぶまれることにもなりかねません。

そこで、以下に教育委員会による現実性のある取組例を紹介します。

＜事例4：連絡協議会等の取組例＞

H市の連絡協議会の取組

【多彩なメンバーで構成する】(16人)(年間3回)
・大学教授(会長)・国際交流協会業務執行理事(副会長)・S県教育委員会指導主事
・H市教育長・学校教育部長・ハローワーク専門官・保護者代表・NPO代表(青年支援、幼児支援)・企画部国際課長・幼児保育課幼児教育指導担当課長・市立高等学校長
・県立高等学校教頭(定時制)・市立小中学校校長代表・市立幼稚園園長代表
※事務局　教育委員会指導課教育総合支援担当課長　主幹　指導主事　協力員

【協議内容を焦点化する】
○日本語指導体制
　・派遣型の支援のあり方について
　・自立を促す支援、学力をつけるための支援の拡充について
　・日本語と教科の統合学習や教科を教える指導員の派遣について
○教師の研修
　・外国人児童生徒指導担当リーダー研修(10人)を新設
　・初めて担当する教師に対する研修や、情報提供、指導補助者の資質の向上について
○多様化する子供への支援
　・日本語指導が必要な子供たちの増加・多様化に伴い新たな支援のあり方
　・多様な相談への対応の具体策としてICTの活用について
　　(例えば、三者面談時の通訳、緊急時での対応)

【成果】
○新しい日本語指導体制の実施
　外国人児童生徒等が自立した学習ができることを目標に指導者・支援者が一丸となって指導する体制を整備する。適時的な初期適応指導を行い、その後日本語基礎70時間のプログラムに移行する。これによって、できるだけ早い時期から教科内容を指導(支援)していくことを検討することになった。
○教師研修の改善
　専門性を高めるための外国人児童生徒指導リーダー研修の内容のロールモデルを取り入れることの必要性が確認され、次年度の研修から導入されることになった。また、新任外国人担当者研修の必要性が議論され、次年度から実施することになった。
○ICTの導入
　多様化する実態が委員に認識され、タブレットの活用(多言語アプリ・テレビ電話)につながった。

参考URL

- 「日本語指導が必要な児童生徒の受入れ状況等に関する調査」
  http://www.mext.go.jp/a_menu/shotou/clarinet/genjyou/1295897.htm

- 「学校教育におけるJSLカリキュラム」
  http://www.mext.go.jp/a_menu/shotou/clarinet/003/001.htm

- 情報検索サイト「かすたねっと」
  https://casta-net.mext.go.jp/

- 「外国人児童生徒のための就学ガイドブック」(7言語の就学案内)
  http://www.mext.go.jp/a_menu/shotou/clarinet/003/1320860.htm

- 「外国人の子どもの就学機会の確保に当たっての留意点について」
  http://www.mext.go.jp/a_menu/shotou/clarinet/004/1323374.htm

- 「公立学校における帰国・外国人児童生徒に対するきめ細かな支援事業」
  http://www.mext.go.jp/a_menu/shotou/clarinet/003/001/1339531.htm

- 「特別の教育課程」
  学校教育法施行規則の一部を改正する省令等の施行について(通知)
  http://www.mext.go.jp/a_menu/shotou/clarinet/003/1341903.htm

- 「外国人児童生徒のためのJSL対話型アセスメントDLA」
  http://www.mext.go.jp/a_menu/shotou/clarinet/003/1345413.htm

- 「外国人児童生徒等教育を担う教員の養成・研修モデルプログラム開発事業」
  https://casta-net.mext.go.jp/

- 「外国人の子供の就学の促進及び就学状況の把握等について(通知)」
  https://casta-net.mext.go.jp/

注)外国人児童生徒等教育の情報は更新されます。今後出される通知等も参考にしてください。

作成協力者

〔敬称略〕

宇土　泰寛		椙山女学園大学　教授 （椙山女学園大学附属小学校　校長）
沖汐　守彦		兵庫県教育委員会事務局人権教育課　課長
齋藤　ひろみ		東京学芸大学教育学部　教授
佐藤　郡衛		東京学芸大学　理事・副学長
佐藤　裕之		川崎市総合教育センター カリキュラムセンター　室長
山田　誠志		文部科学省　初等中等教育局 国際教育課　事業推進係長
吉谷　武志		東京学芸大学　国際教育センター　教授

（役職は2011年3月時点のもの）

〔2019年3月改訂〕

齋藤　ひろみ		東京学芸大学教育学部　教授
佐藤　郡衛		明治大学国際日本学部　特任教授
福岡　弘行		川崎市総合教育センター カリキュラムセンター　指導主事
近田　由紀子		文部科学省総合教育政策局 外国人児童生徒等教育支援プロジェクトオフィサー

（役職は2019年3月時点のもの）